"Megan Hill nos presenteou com um manual de oração que é, ao mesmo tempo, útil e eloquente. Muitos de nós (inclusive eu) tendem a acreditar em uma inverdade sobre a oração: que deve ser sempre fácil e espontânea, sem qualquer indício de disciplina ou reflexão prévia. Fundamentada na Escritura e com muita empatia e eloquência, Megan nos leva a enxergar a oração como um agradável dever a ser observado, saboreado e compartilhado."

Jen Wilkin, autora de *Mulheres da Palavra* (Editora Fiel); professora de Estudos Bíblicos

"Leia este livro em grupo e observe esse grupo se tornar uma comunidade que ora em conjunto! Não dá para ficar indiferente às verdades apresentadas nestas páginas. Com profundidade e sensibilidade, Megan Hill aborda os motivos pelos quais devemos orar juntos, os frutos que vêm de orarmos em comunidade, e fornece orientações práticas para orarmos uns com os outros na igreja, em grupos menores e com nossas famílias. Que Deus continue formando e fortalecendo comunidades que oram juntas, e siga fazendo deste livro um excelente recurso para isso."

Naná Castillo, criadora do Ministério Filipenses Quatro Oito; coautora do livro *Toda Mulher Trabalha* (Editora Fiel)

"*Orando Juntos* não foi escrito como um guia para melhorar sua vida de oração, mas é impossível ler este livro sem se sentir compelido a orar com mais frequência, com mais sinceridade e na companhia de mais pessoas. A reverência que Megan Hill tem pela oração e suas histórias pessoais de devoção me deixam grato pela dádiva da oração e por como Deus utiliza a oração para que possamos nos aproximar dele e de nosso próximo. Este livro traz encorajamento para nossas vidas."

Kate Shellnutt, editora associada, revista *Christianity Today*, *Her.meneutics*

"Megan Hill nos incentiva a orarmos juntos em nossas casas, comunidades e igreja, encorajando-nos com sua experiência e com seus conselhos — todos ricamente bíblicos e teológicos. Se a leitura deste livro fizer você e seus irmãos e irmãs em Cristo orarem juntos com mais esperança, deleite e expectativa, tenho certeza de que o objetivo de Megan terá sido realizado."

J. Ligon Duncan, III, reitor e CEO, Reformed Theological Seminary, Jackson, Mississippi

"Quando Megan Hill ora, podemos sentir a força de uma vida inteira dedicada à comunhão com o Deus triúno. Agora, Hill apresenta a teologia e a orientação prática para nos conduzir a uma rica vida de oração entre os irmãos em Cristo e no culto público. Este livro lembrará você de como é bom e agradável que o povo de Deus viva — e ore — em unidade."

Katelyn Beaty, editora, revista *Christianity Today*

"Mais um livro sobre oração? Sim e não. Sim, o foco deste livro é sobre o tipo de oração perseverante, corporativa e urgente que a Escritura encoraja e Jesus enfatiza que é necessária se quisermos suportar a batalha que a Igreja cristã tem pela frente. Não, porque este livro não é somente sobre oração. Megan Hill é uma escritora talentosa, esposa de um pastor piedoso e mãe. O que ela tem a dizer vem de uma mente afiada e perspicaz, mas também de sua experiência pastoral. Será que este livro é um instrumento de Deus para reavivar entre nós uma vida de oração saudável, vigorosa e contagiante que redirecionará o curso deste mundo? Eu creio que é possível e oro para que seja assim."

Derek W. H. Thomas, pastor sênior, First Presbyterian Church, Colúmbia, Carolina do Sul; professor de Teologia Sistemática e Pastoral, Reformed Theological Seminary

"Venha, vamos orar! Uma filha da aliança que aprendeu a orar na Palavra e por obras convoca a Igreja de Cristo a orar com devoção e fervor. Megan nos deu um padrão de oração do reino que produzirá crescimento e graça, tanto para o indivíduo como para o corpo. Venha, vamos encher e instruir nossos corações, lembrando, juntos, quem é Deus e o que ele realizou. Irmãos e irmãs, vocês estão preparados?"

Jane Patete, ex-coordenadora do Ministério de Mulheres, Presbyterian Church of America

"Ler este livro maravilhoso é como desfrutar a refeição com um amigo. O prato preparado por nossa anfitriã, Megan Hill, é a sabedoria da Palavra, bem temperada com séculos de piedosos escritores reformados e puritanos, além de muita experiência pessoal. Suas reflexões sobre a oração são gentis e práticas. Pela graça de Deus, eu gostaria que você anotasse a receita para usar sempre em sua casa e na igreja."

Joel R. Beeke, presidente, Puritan Reformed Theological Seminary

"*Orando Juntos* me fez querer buscar uma amiga para orar. Megan Hill nos lembra do privilégio, do dever e do deleite que nos esperam quando nos unimos em comunhão com Deus. Baseado no que a Bíblia ensina sobre oração e nas bênçãos decorrentes da oração ao longo dos séculos, este livro colocará você de joelhos, na expectativa das grandes coisas que Deus fará."

Melissa Kruger, coordenadora do Ministério de Mulheres, Uptown Church; autora de *The Envy of Eve*

"Com uma clareza admirável e soluções práticas, Megan Hill nos ajuda a ver como o Deus triúno convida os crentes a se unir em oração — na igreja, em família e em muitos outros ambientes. Ela aponta para as ricas promessas e as extraordinárias bênçãos que acompanham as orações corporativas na Escritura. Seus exemplos e ilustrações nos motivam a orar com os irmãos. Leia este livro e junte-se ao coral de santos que erguem suas vozes para o céu."

Guy Prentiss Waters, professor de Novo Testamento James M. Baird Jr., Reformed Theological Seminary

"Megan Hill oferece fundamentos bíblicos e instruções práticas para, juntos, buscarmos um relacionamento cada vez mais profundo com o Pai, por meio da obra do Filho, no poder do Espírito. Sempre encontramos motivos para não orar juntos. Mas, se queremos viver como conduítes do poder de Deus — se queremos alimentar os famintos, libertar os cativos, consolar os que sofrem e iluminar os lugares escuros do mundo —, Hill nos encoraja a começarmos juntos, de joelhos no chão."

Martha Manikas-Foster, produtora e apresentadora, *Inside Out*, Family Life

"Megan Hill aprendeu a orar quando era criança, na companhia de seus pais e de outros membros da sua igreja local. Neste livro, ela traz um rico recurso sobre a oração corporativa, útil para famílias, pequenos grupos e igrejas. Estou ansiosa para reunir as amigas e ler *Orando Juntos*. E estou mais ansiosa ainda para orar com elas."

Jen Pollock Michel, autora, *O que você quer?*

Orando juntos

O PRIVILÉGIO DE ORAR EM NOSSOS LARES, COMUNIDADES E IGREJAS

MEGAN HILL

FIEL Editora

Dados Internacionais de Catalogação na Publicação (CIP)
(Câmara Brasileira do Livro, SP, Brasil)

```
Hill, Megan
    Orando juntos : o privilégio de orar em nossos
lares, comunidades e igrejas / Megan Hill ;
coordenação Gisele Lemes ; tradução Francisco
Brito. -- 2. ed. -- São José dos Campos, SP :
Editora Fiel, 2023.

    Título original: raying together : the priority
and privilege of prayer : in our homes, communities,
and churches.
    Bibliografia.
    ISBN 978-65-5723-279-8

    1. Avivamentos 2. Comunidade - Aspectos religiosos
3. Oração - Cristianismo I. Lemes, Gisele.
II. Título.

23-161740                                    CDD-248.32
```

Índices para catálogo sistemático:

1. Oração : Cristianismo   248.32

Tábata Alves da Silva - Bibliotecária - CRB-8/9253

ORANDO JUNTOS:
o privilégio de orar em nossos lares,
comunidades e igrejas

Traduzido do original em inglês
Praying Together: The Priority and Privilege of Prayer: In Our Homes, Communities, and Churches
Copyright © 2016 por Megan Hill

∎

Publicado por Crossway Books,
Um ministério de publicações de
Good News Publishers 1300 Crescent Street
Wheaton, Illinois 60187,
USA.

∎

Copyright © 2017 Editora Fiel
Primeira edição em português: 2018
Segunda edição em português: 2024

Todos os direitos em língua portuguesa
reservados por Editora Fiel da Missão
Evangélica Literária

Proibida a reprodução deste livro por
quaisquer meios, sem a permissão escrita
dos editores, salvo em breves citações,
com indicação da fonte.

∎

Diretor: Tiago J. Santos Filho
Editor-chefe: Vinicius Musselman
Editora: Renata do Espírito Santo T. Cavalcanti
Coordenação gráfica: Gisele Lemes e
                     Michelle Almeida
Tradução: Francisco Brito
Revisão: Shirley Lima
Diagramação: Rubner Durais
Capa: Rubner Durais
ISBN impresso: 978-65-5723-279-8
ISBN eBook: 978-65-5723-280-4

FIEL Editora

Caixa Postal, 1601
CEP 12230-971
São José dos Campos-SP
PABX.: (12) 3919-9999
www.editorafiel.com.br

sumário

INTRODUÇÃO - 13

parte 1 - POR QUE DEVEMOS ORAR JUNTOS
1 Relacionamento - 23
2 Dever - 43
3 Promessa - 65

parte 2 - OS FRUTOS DE ORARMOS JUNTOS
4 Amor - 87
5 Discipulado - 107
6 Avivamento - 127

parte 3 - A PRÁTICA DE ORARMOS JUNTOS
7 Orando com a Igreja - 147
8 Orando com um Companheiro e com um Grupo - 165
9 Orando com Familiares e Convidados - 181

CONCLUSÃO - 197
AGRADECIMENTOS - 201
PERGUNTAS PARA ESTUDO - 203
BIBLIOGRAFIA - 223

aos santos

da Presbyterian Church of Coventry,
Hillcrest Presbyterian Church,
First Presbyterian Church,
Pinehaven Presbyterian Church e
West Springfield Covenant Community Church.
Orar com vocês foi um privilégio,
um dever e uma alegria.

introdução

Vamos orar.

Quantas vezes você já teve o privilégio de dizer ou de ouvir essas palavras? Dietrich Bonhoeffer escreveu: "Na verdade, orar em comunidade é a situação normal da vida cristã".[1] Isso condiz com a minha experiência. Talvez essa também seja a sua história. Como muitas pessoas que foram criadas em um lar cristão e em uma igreja que proclamava o evangelho, desde a infância aprendi sobre a prática e a importância de orarmos juntos em lugares comuns: à mesa de jantar, à beira da cama, na igreja. Desde cedo, internali-

---

1 Dietrich Bonhoeffer, *Vida em comunhão*. São Leopoldo: Sinodal, 1997.

Orando juntos

zei a memorável definição de oração do *Breve Catecismo de Westminster*: "A oração é um oferecimento dos nossos desejos a Deus, por coisas conforme a sua vontade, em nome de Cristo, com a confissão dos nossos pecados e um agradecido reconhecimento das suas misericórdias".[2]

Aos 10 anos, pedi ao meu pai (um pastor) para participar da pequena reunião de oração às quartas-feiras, em nossa igreja. Nas noites escuras do inverno da Nova Inglaterra, saíamos na neve para nos encontrar com um grupo de três, cinco ou até mesmo sete santos fiéis que se aqueciam na luz e no calor da biblioteca da igreja. A sra. Gray, então com 80 anos, estava sempre em sua poltrona solitária, às vezes até cochilando com a bengala ao seu lado. Os demais sentavam-se nas cadeiras de vinil verde-abacate geladas que haviam sido arrastadas de outras partes da igreja e faziam barulho quando nos mexíamos.

Por alguns anos, eu era a única criança lá. Eu ouvia as conversas antes da oração — Quem estava doente? Quem estava melhor? — e, vez ou outra, eu participava da intercessão com uma rápida oração desajeitada. Com o tempo, tive a ideia (durante uma aula no ensino fundamental) de anotar os pedidos que eram feitos e as respostas de Deus. A cada semana, com um grande senso de responsabilidade, eu levava meu caderno e minha caneta, e diligentemente registrava nossa lista de necessidades, às vezes voltando para

---

[2] *Breve Catecismo de Westminster*. Para quem não gosta dos credos, essa resposta é simplesmente um resumo curto do que a Bíblia ensina sobre a oração (Sl 32.5-6; 62.8; Jo 16.23; Fp 4.6; 1Jo 5.14).

INTRODUÇÃO

uma página anterior e exigindo, com muita seriedade, uma atualização dos adultos. As respostas óbvias aos nossos pedidos eram poucas, mas esses crentes eram determinados. Sem dúvida, enquanto eu fazia anotações em meu caderno, sabia que cada petição de suas orações fiéis era recebida por Deus no céu com seriedade e amor.

Sentar-me entre esses santos comuns, ano após ano, naquelas reuniões de oração, foi o que uniu meu coração à Igreja de Cristo e ao meu Deus. Naquela biblioteca da igreja, aprendi a invocar o nome do Senhor na companhia de todo o seu povo.

Desde então, orar com os irmãos tornou-se uma agradável prioridade em minha vida de solteira e, mais tarde, em minha vida de casada. Já participei da reunião de oração de cinco igrejas diferentes e oro com a igreja reunida a cada Dia do Senhor. Fora da igreja, oro com outras pessoas de diversas partes do mundo — em quartos de hospitais, nos leitos de morte, com hóspedes, com pessoas que não conheço e como membro de um grupo de oração de mães na escola dos meus filhos. E, como na minha infância, toda manhã e toda noite, meu marido e eu nos reunimos diante do trono com nossos três filhos.

Há nove anos, também oro toda terça, às dez horas da manhã, com Carol, uma mulher mais velha da minha igreja. Nós duas — às vezes há outros que se juntam a nós — oramos não somente pelas necessidades temporais e espirituais de nossa própria igreja, mas especialmente pelos

Orando juntos

desafios que a Igreja enfrenta em todo o mundo. No último dia, Carol e eu finalmente conheceremos os redimidos do Peru, da Tailândia, do Irã e da Serra Leoa — os irmãos e irmãs por quem oramos.

Essas são as minhas histórias, mas este livro é um chamado para que cada um de nós considere as orações que já realizamos juntos no passado, aquelas que estamos fazendo agora e as que temos a esperança de fazer no futuro: as orações à mesa de jantar na infância, as vigílias de oração do grupo de jovens, as orações espontâneas nos dormitórios, nos estacionamentos e nos fundos da igreja, as orações planejadas durantes os estudos bíblicos, as reuniões de oração e no culto do Dia do Senhor. Aqui também você encontrará lembranças de nosso passado coletivo. Os netos de Adão, os amigos de Daniel e os apóstolos. Os homens da rua Fulton em 1858, cujas orações incendiaram Nova York. Essas histórias pertencem a todos os que pertencem a Cristo. Este livro é um chamado para orarmos juntos e para continuarmos a orar com uma energia renovada.

Este livro não contém uma teologia exaustiva de oração. Muitas pessoas mais inteligentes já escreveram esse tipo de livro diversas vezes. (Como meu marido, gentilmente, me lembrou quando discuti este projeto com ele: "Mas, Megan, J. I. Packer escreveu um livro sobre oração".[3] Quando minha amiga ouviu isso, abriu um grande sorriso e

---

3 J. I. Packer e Carolyn Nystrom, *Oração: do dever ao prazer*. São Paulo: Editora Cultura Cristã, 2009.

INTRODUÇÃO

acrescentou: "E você não é o Packer, querida". Isso é verdade. Quem entre nós é?

Não é uma teologia exaustiva, mas contém teologia. Como o próprio Packer escreveu: "A verdadeira oração é uma atividade construída com base na teologia".[4] Você perceberá que este livro é dividido em três partes. Na primeira parte, "Por que Devemos Orar Juntos", vamos examinar a *razão* para orarmos juntos. Talvez pareça mais fácil ou mais útil pular diretamente para a parte prática, mas orar junto não é uma tarefa fácil. Se primeiro não formos constrangidos e encorajados pelo testemunho da Escritura, rapidamente desistiremos. A segunda parte, "Os Frutos de Orarmos Juntos", é um tipo diferente de porquê. Essa seção é uma visão para o que Deus diz que faz quando oramos juntos e para o que ele fez no passado, quando seu povo se reuniu diante do trono. Ambas são motivações gloriosas para o trabalho. Por último, a terceira parte, "A Prática de Orarmos Juntos", explora a maneira de realizar isso. Vamos refletir sobre como devem ser as orações que fazemos juntos nas igrejas, nas comunidades e nas casas. Eu oro para que o povo da Igreja de Cristo seja novamente como os antigos santos, que "perseveravam [...] nas orações" (At 2.42).

Esta é uma obra essencial que precisamos realizar — por amor a Cristo, pela exaltação de seu nome, pela glória de Deus, pelo bem da Igreja de Cristo, pela qual ele morreu,

---

4 Ibid.

Orando juntos

pelo bem de nossos semelhantes, tanto os que estão perto como os que estão longe, e pelo bem de nossas próprias almas.

    Esse é um trabalho para todos nós. Esse trabalho para o reino que recebemos está aberto a todos — todos que estavam perdidos e foram encontrados. Pastores e presbíteros, sim, mas também o povo que se senta nos bancos. Podemos começar juntos hoje de manhã, na hora do almoço ou a qualquer hora amanhã. É um trabalho para aqueles que viajam ao redor do mundo e também para aqueles que passam o dia em uma cadeira de rodas. É um trabalho que pode ser realizado em qualquer lugar — é ótimo que seja no prédio da igreja, mas também pode ser na esquina da rua de um país de Terceiro Mundo ou na sala de estar de uma casa, em um bairro de classe média.

    Há trabalho para todos realizarem juntos. Há trabalho para os crentes maduros — aqueles que já viram certos modismos no cristianismo repetindo-se três ou quatro vezes — e também para o novo convertido. É um trabalho para todos que têm grandes pecados e que têm um Salvador que é maior. É para o acadêmico, para o mecânico e para a mãe de cinco filhos. Há um importante lugar nessa obra para os doentes, para os fracos, para os idosos e para os cansados. Mas também há um lugar para os fortes.

    Todos os que pertencem a Jesus, venham e juntem-se a nós! Homens e mulheres, venham! Adultos e crianças, venham! Convidem também a geração dos *Millennials* — e

INTRODUÇÃO

também as gerações que não são dos *Millennials* e aquelas antes deles. Venha, você que tem dificuldade para comprar gasolina para o carro e também você que tem um carro que não usa gasolina. Venha, você que supervisiona obras de caridade e financia ministérios, venha sentar-se ao lado de alguém cuja mente e cujo corpo estão morrendo, mas cuja alma nunca perecerá. Junte-se a nós nesse grande privilégio, nesse ajuntamento celestial, nesse meio de graça, nessa tarefa vital. Venha.

    Irmãos e irmãs, vamos orar.

parte 1

POR QUE DEVEMOS ORAR JUNTOS

1 RELACIONAMENTO

Um cristão nunca ora sozinho.

Quando pensamos em oração, a primeira imagem que nos vem à mente é de um homem sozinho e solitário de joelhos. Talvez pensemos nele como uma pessoa solitária e, em sua atividade, como privada. Mas a oração nunca é solitária. É sempre uma pessoa se comunicando com outra. Então, este livro sobre a prática de orar juntos precisa começar com a realidade fundamental de que a *oração é um exercício de relacionamento*: Deus e nós, Deus e Deus, todos nós e nosso Deus.

Orando juntos

Deus e Nós

Em 2012, quando meu marido e eu cruzamos os portões de um orfanato em Adis Abeba, na Etiópia, 25 crianças imediatamente avançaram em nossa direção. Elas puxavam nossas mochilas, enfiavam as mãos para explorar nossos bolsos e, repetidas vezes, exigiam nossa atenção com as únicas palavras em nossa língua que conheciam: "Mamãe, mamãe, mamãe!" e "Papai, papai, papai!".

Aqueles pequeninos conheciam a linguagem da família e os gestos para pedir, mas 24 deles não tinham o direito de usá-los. E, embora tenhamos dado balas e balões a todas as crianças, havia somente um menininho cujos gritos de "mamãe" e "papai" foram absolutamente convincentes. Era a criança com quem tínhamos um relacionamento — tínhamos acabado de comparecer diante de um juiz no tribunal para garantir sua adoção —, e somente essa criança tinha o direito de colocar as mãos em nossos bolsos com a certeza de que receberia o que encontrasse lá.

Assim também, a oração é uma atividade que expressa um relacionamento. Logo depois de criar Adão e Eva, Deus os colocou no jardim e falou com eles (Gn 2.16-17; 3.2-3). O relacionamento é uma parte essencial de nossa natureza criada (que agora está corrompida pelo pecado) e a comunicação é um elemento crucial desse relacionamento. Na Introdução, defini oração, em parte, "como o oferecimento dos nossos desejos a Deus".¹ De imediato, isso nos mostra que a oração exige pelo menos dois participantes: alguém que tem desejos e Deus. E Cristo ensinou seus discípulos a orar: "Pai Nosso" (Mt 6.9), estabelecendo que nossas orações devem ser a confiante comunicação de um filho com seu pai.

Muitas pessoas não entendem que a oração é algo intimamente relacional. O sociólogo Christian Smith estudou exaustivamente a vida religiosa dos adolescentes e jovens americanos e, depois, descreveu a atitude deles em relação a Deus: "deísmo moralista terapêutico". O que Smith quis dizer com isso foi, entre outras coisas, que "Deus é tratado como um terapeuta ou conselheiro cósmico, um ajudador preparado e competente que responde nos momentos de tribulação, mas que não exige devoção ou obediência".²

Um exemplo desse tipo de perspectiva sobre a oração em que um relacionamento é desnecessário aparece no início de um best-seller recente: a oração é "a comunicação do nosso coração com algo que ultrapassa o entendimento. Digamos que seja a comunicação do coração com Deus. Ou, se você achar esse conceito absurdo, podemos dizer que é uma comunicação com o Bem, com uma força que está além

---

1 *Westminster Shorter Catechism, The Confession of Faith Together with the Larger Catechism and the Shorter Catechism with Scripture Proofs*, 3rd ed. (Lawrenceville, GA: Christian Education & Publications, 1990), Q&A 98.

2 Christian Smith, *Soul Searching: The Religious and Spiritual Lives of American Teenagers* (Oxford, UK: Oxford University Press, 2005), 148.

Orando juntos

da nossa compreensão, mas que, em nossa dor, em nossas súplicas e em nosso alívio, não precisamos definir nem ter provas de que o contato foi estabelecido".[3]

Há 450 anos, João Calvino já lamentava o fato de as pessoas estarem orando praticamente assim: "Ó, Senhor! Eu certamente duvido se me quererás ouvir ou não; mas, como estou muito aflito, recorro a ti, para que, se for digno, me socorras".[4]

Com base nessa maneira de pensar, a oração nunca pode ser uma atividade que expresse um relacionamento, pois esse tipo de Deus não está realmente interessado em um relacionamento, e nossas orações não dependem disso. A oração se torna simplesmente a apresentação de uma lista de desejos e reclamações, com pouca esperança de haver algum engajamento pessoal por parte do receptor. Descarregar minhas preocupações pode fazer com que eu me sinta mais leve, mas não me torna menos solitário. Eu posso orar, mas talvez Deus não preste atenção a isso.

Para um cristão, a oração sempre expressa um relacionamento: com o Pai, através da obra do Filho, pelo poder do Espírito. Contudo, até mesmo aqueles que entendem o fundamento relacional da oração costumam estranhar a audácia de gritar, "Papai! Papai!", e puxar a mochila de Deus. A oração é uma atividade que expressa um relacionamen-

---

[3] Anne Lamott, *Help, Thanks, Wow: The Three Essential Prayers* (New York: Riverhead, 2012), 1-2.

[4] Calvino, João. *Institutas da Religião Cristã*. São José dos Campos: Editora Fiel, 2018.

RELACIONAMENTO

to, mas não é um relacionamento entre iguais. Em primeiro lugar, Deus é o altíssimo e santo Criador, e o homem é a criatura. O fundamento do que sabemos sobre Deus e sobre a humanidade é a seguinte declaração: "Então, formou o SENHOR Deus ao homem do pó da terra e lhe soprou nas narinas o fôlego de vida, e o homem passou a ser alma vivente" (Gn 2.7). Antes de Adão ser uma pessoa, ele era pó. Por outro lado, Deus é aquele que está assentado sobre a redondeza da terra e é aquele que está além da compreensão (Is 40.22, 25). Não é uma mera tradição ultrapassada ou metáfora literária chamar Deus de "Rei", "Senhor", "Juiz" e "Governador".

Portanto, como pessoas que vieram do pó, achegamo-nos a Deus somente nos termos dele. Assim como a rainha Ester, precisamos esperar que o rei estenda seu cetro real para nós. É surpreendente que ele faça isso. No jardim, o Criador do mundo condescendeu à sua criação e eles tiveram uma conversa. Mas o pecado entrou no mundo e, desde a Queda de Adão, a humanidade está separada por sua própria maldade voluntária do Deus santo, que "não pode ver o mal" (Hc 1.13). As palavras que Deus usa para descrever os pecadores são antirrelacionais: inimigos, estrangeiros, separados. Deus pode falar conosco, mas nós não ousamos falar com ele. Como Isaías, precisamos de uma brasa viva para purificar nossos lábios.

Para conhecer o efeito que o pecado tem sobre nosso direito de orar, precisamos nos voltar para a cruz. Aqui

Orando juntos

no Gólgota, o Deus-homem carregou a ira de Deus em nosso lugar e nós encontramos uma oração que é a mais assustadora que já foi feita. Aqui, nosso Salvador condenado clamou: "Deus meu, Deus meu, por que me desamparaste?" (Mc 15.34). E não há resposta.

Abandonado por Deus, cortado do relacionamento com o Pai, a resposta à oração de Jesus, como aquele que carregou a maldição pelo pecado, foi somente o silêncio. O professor de seminário Edmund Clowney costumava dizer aos seus alunos: "Você não terá ouvido o clamor do Filho até ouvir o Pai, que não respondeu".[5] O que nossas orações merecem? O silêncio. Contudo, o Deus que rejeitou a oração do Filho, que assumiu a ira de Deus em nosso lugar, aceita nossas orações por causa dele. Nas gloriosas palavras de Hebreus:

> Tendo, pois, irmãos, intrepidez para entrar no Santo dos Santos, pelo sangue de Jesus, pelo novo e vivo caminho que ele nos consagrou pelo véu, isto é, pela sua carne, e tendo grande sacerdote sobre a casa de Deus, aproximemo-nos, com sincero coração, em plena certeza de fé, tendo o coração purificado de má consciência e lavado o corpo com água pura (Hb 10.19-22).

---

5 Meu pai estava na classe do dr. Clowney no Westminster Theological Seminary, na Filadélfia, nos anos 1970.

RELACIONAMENTO

Repetidas vezes, a Bíblia descreve nossa entrada na vida cristã em termos de um relacionamento.[6] Nós, que estávamos longe, fomos aproximados de Deus (Ef 2.13). As palavras familiares usadas na Escritura — Deus, o Pai, Cristo, o irmão mais velho — indicam que uma vida de fé é uma vida de relacionamento. Quando confiamos em Cristo para nossa salvação, entramos em um relacionamento com o Deus triúno. Por nossa adoção e união com Cristo, tornamo-nos parte da família de Deus, com todos os privilégios de filhos na casa do Pai. Como J. Todd Billings explicou: "Nós [...] entramos no divertido e alegre mundo da vida *como filhos de um gracioso Pai, como pessoas unidas a Cristo e empoderadas pelo Espírito*".[7] Purificados do pecado, cobertos pela justiça de Cristo e adotados pelo Pai, nós, que não tínhamos o direito de orar, somos recebidos para uma conversa com Deus.

Mas seria somente metade da história dizer que nosso novo relacionamento com Deus por meio de Cristo simplesmente nos *capacita* a orar. É perfeitamente correto (e até necessário) dizer que o sangue e a justiça de Cristo asseguram nosso *direito* de orar, mas o termo jurídico — *direito* — não descreve nem um pouco da intensidade emocional do desejo que o crente tem de orar. Em verdade, nosso novo relacionamento com Deus nos *compele* a orar.

---

[6] Com frequência, a Bíblia usa a palavra *aliança* para descrever nosso relacionamento com o Deus santo. Basicamente, uma aliança é um relacionamento que Deus define, estabelece e garante.

[7] J. Todd Billings, *Union with Christ: Reframing Theology and Ministry for the Church* (Grand Rapids, MI: Baker Academic, 2011), 25; ênfase original.

Orando juntos

J. I. Packer escreveu: "Os homens que conhecem seu Deus são, antes de tudo, homens de oração".[8] O tipo de conhecimento que Packer tem em vista é um conhecimento relacional íntimo. Um relacionamento com nosso Deus não somente nos capacita, como também nos incentiva a orar. Deus abre suas mãos, revela presentes inimagináveis e nos manda pedi-los. De nossa parte, satisfeitos com nosso Deus, fascinados com seu amor, governados por seus mandamentos e gratos por sua condescendência em relação a nós, transbordamos em oração.

Como a noiva de Cantares de Salomão, não conseguimos parar de falar do nosso amado. O que é louvar senão dizermos a Deus quem ele é? O que é agradecer senão apreciarmos, em alto e bom som, as coisas que ele fez? O que é confessar senão lamentarmos os pecados contra Deus e por estarmos aquém de ser como ele — ele, que é majestoso em santidade. E o que é suplicar senão pedirmos que Deus faça as coisas que ele se agrada em fazer? Que alegria! Nós, que conhecemos nosso Deus, nós que pertencemos a ele, assim como os filhos pertencem ao pai, amamos orar.

Deus e Deus

E, quando oramos, não só nos aproximamos de um Deus que tem um relacionamento conosco. Ele é um Deus que também tem um relacionamento consigo mesmo. Nos-

---

8 J. I. Packer, *O conhecimento de Deus*. São Paulo: Cultura Cristã, 2014.

so relacionamento com o Deus que é três em um assegura que os três estarão envolvidos com nossa oração — fazendo com que as orações de um cristão integrem uma grande conversa celestial.

Algumas vezes, a doutrina da Trindade é vista com desconfiança, mais como um quebra-cabeça do que como um incentivo para uma vida de fé. Mas o fato de Deus ser Pai, Filho e Espírito é essencial para nossa fé, como Michael Reeves explica:

> Esse Deus simplesmente não se encaixa no molde de nenhum outro. A Trindade não é um complemento dispensável de Deus, um software opcional que pode ser instalado nele. No fundo, esse Deus é diferente, pois, no fundo [...] ele é o Pai, que ama e dá vida ao Filho na comunhão do Espírito. O Deus que é amor em si mesmo, que antes de todas as coisas não poderia "ser algo além de amor". Felizmente, ter um Deus assim muda tudo.[9]

A relação com um Deus Trinitário que é o próprio amor também muda tudo sobre a oração. Nenhuma parte da Escritura deixa isso mais claro que Romanos 8:

> Porque todos os que são guiados pelo Espírito de Deus, esses são filhos de Deus. Porque não re-

---

9 Michael Reeves, *Delighting in the Trinity: An Introduction to the Christian Faith* (Downers Grove, IL: IVP Academic, 2012), 38.

Orando juntos

> cebestes o espírito de escravidão, para outra vez estardes em temor, mas recebestes o Espírito de adoção de filhos, pelo qual clamamos: Aba, Pai [...] E da mesma maneira também o Espírito ajuda as nossas fraquezas; porque não sabemos o que havemos de pedir como convém, mas o mesmo Espírito intercede por nós com gemidos inexprimíveis. E aquele que examina os corações sabe qual é a intenção do Espírito; e é ele que segundo Deus intercede pelos santos [...] Quem intentará acusação contra os escolhidos de Deus? É Deus quem os justifica. Quem é que condena? Pois é Cristo quem morreu, ou antes quem ressuscitou dentre os mortos, o qual está à direita de Deus, e também intercede por nós (vv. 14-15, 26-27, 33-34).

Na oração, achegamo-nos a um Pai amoroso que nos ouve e somos ajudados pela intercessão do Filho e pelos gemidos inexprimíveis do Espírito. Nunca me esqueci do que meu pastor-pai costumava dizer: "Quando oramos, Deus fala com Deus".[10]

Romanos 8 revela que o Pai é aquele que nos ouve quando clamamos "Aba, Pai!". O fato de ele nos "ouvir" é muito mais do que receber informação. A promessa do Pai de ouvir as orações significa que ele é amorosamente incli-

---

[10] Brad Evans, "Some Incentives for Apocalyptic Prayer", sermão, Presbyterian Church of Coventry, Coventry, CT, 9 jun. 2002.

nado a receber nossas orações como aceitáveis e a responder a elas em sua bondade.

O desejo do Pai de ouvir as orações de seus filhos é tão radical que ele diz: "E será que antes que clamem eu responderei; estando eles ainda falando, eu os ouvirei" (Is 65.24). Enquanto ainda estamos nos preparando para falar, ele já está ouvindo. Isso é especialmente evidente nas palavras de Jesus aos seus discípulos: "Naquele dia, pedireis em meu nome, e não vos digo que rogarei ao Pai por vós. Porque o próprio Pai vos ama, visto que me tendes amado e tendes crido que eu vim da parte de Deus" (Jo 16.26-27). Sem negar suas próprias orações intercessórias, o foco de Jesus aqui é garantir que o povo redimido não tem barreiras para se achegar ao Pai. Nós, que pertencemos ao Filho eterno, temos plena confiança de que o Pai também nos ouvirá em amor.[11]

De sua parte, o Filho é nosso mediador e intercessor. A vida imaculada e a morte de Cristo constituem as razões para sermos livres da condenação diante de um Deus santo e os meios pelos quais recebemos o espírito de adoção e o direito de nos aproximar de Deus em oração (Rm 8.1, 15, 31-34). Por isso encerramos nossas orações dizendo: "em nome de Jesus". Aqueles que oram são inteiramente dependentes da obra mediadora de Cristo. Ele comparece, por nós, diante

---

11 D. A. Carson, *The Gospel According to John*, Pillar New Testament Commentary (Grand Rapids, MI: Eerdmans, 1991), 547.

Orando juntos

de Deus, carrega-nos em seus ombros e nos tem ligados a seu peito, a fim de sermos ouvidos em sua pessoa.[12]

Romanos 8 também fala sobre o Cristo, aquele que "intercede por nós" (v. 34). Deleite-se com a seguinte explicação de James Montgomery Boice:

> O que a intercessão significa aqui? Nesse contexto, refere-se às orações de Jesus por seu povo, muito parecidas com sua grande oração de João 17, em que ele pede e recebe todos os possíveis benefícios da morte que ele experimentaria por eles para que pudessem viver suas vidas cristãs. Significa que o Senhor Jesus Cristo nunca é indiferente a qualquer necessidade que você possa ter. Significa que ele nunca fechará os ouvidos a qualquer problema e nunca deixará de rogar ao Pai por você.[13]

Irmãos e irmãs, Jesus está orando ao Pai por você! Assim como ele orou por Jó em meio ao sofrimento (Jó 16.20-21),[14] assim como ele orou por Pedro antes de Satanás peneirá-lo (Lc 22.31-32) e assim como ele orou por todos os seus discípulos — inclusive por nós — antes de eles se tornarem suas testemunhas no mundo (Jo 17), no céu,

---

12 Calvino, *Institutas*.

13 James Montgomery Boice, *Romans*, v. 2, *The Reign of Grace (Romans 5-8)* (Grand Rapids, MI: Baker, 1992), 981.

14 Michael Reeves, *Rejoicing in Christ* (Downers Grove, IL: IVP Academic, 2015), 32.

RELACIONAMENTO

ele continua a orar por seus amados, acrescentando nossas preocupações ao diálogo divino. E o pensamento de que Jesus está orando por nós é um dos maiores encorajamentos à fidelidade na oração. Diversas vezes, enquanto estava na terra, Jesus praticamente pegou seus discípulos pela mão e os levou para um lugar de oração (Lc 9.28; 11.1; 22.39-46). Sente-se aqui, disse ele. Ore enquanto eu oro. E ele diz o mesmo a nós. Nosso Jesus está sempre orando. Sente-se aqui e ore com ele.

E há outro participante divino nesse diálogo. O Espírito, que nos ensina e consola, também é um companheiro de oração que "intercede por nós sobremaneira, com gemidos inexprimíveis" e "segundo a vontade de Deus é que ele intercede pelos santos" (Rm 8.26, 27).

O Espírito faz três coisas relacionadas à nossa oração. Primeiro, o Espírito nos une a Cristo; é assim que obtemos o direito de orar. Em Romanos 8, ele é "o espírito de adoção como filhos",[15] com base em quem clamamos: Aba, Pai" (v. 15). Em segundo lugar, o Espírito nos estimula a orar. O Espírito move nossos corações para orar ao nos convencer de nosso pecado, ao despertar nossas afeições por Deus e ao ordenar corretamente nossos desejos por meio de sua Palavra. Finalmente, o Espírito nos ajuda quando oramos por coisas pelas quais devemos orar. "E aquele que

---

15 Robert Letham explica que o termo "filhos" não tem a intenção de ignorar ou deixar à margem os filhos de Deus que foram criados mulheres. Ao contrário, é um testemunho da união de cada cristão com Cristo; quando os designamos como filhos, isso é apenas um paralelo linguístico, "apontando para a condição compartilhada com o Filho do Pai". *Union with Christ: In Scripture, History, and Theology* (Phillipsburg, NJ: P&R, 2011), 54n19.

Orando juntos

sonda os corações sabe qual é a mente do Espírito, porque segundo a vontade de Deus é que ele intercede pelos santos" (Rm 8.27).

Quando oramos, o Pai, o Filho e o Espírito se revelam como o Deus triúno, perfeitamente unidos, e que sempre concordam entre si. É correto pensar que Deus sempre responde às nossas orações com um "Sim" ou com um "Vou lhe dar algo melhor"[16] por causa da intercessão do Espírito, que molda nossas orações para que estejam de acordo com a vontade de Deus.

O conhecimento de que Deus fala com Deus motiva nossa oração de duas maneiras extraordinárias. Primeiro, a participação trinitariana na oração nos livra de confiar em nossas próprias orações. A oraçaò não é magia, não depende de pronunciarmos nossos abracadabras corretamente, pedindo a coisa certa, da maneira certa, na hora certa. O Deus que é amor não está limitado pelas falhas de nossas orações. Ele não ignora as orações imperfeitas de seus filhos amados. Em vez disso, o três em um em quem confiamos recebe todas as nossas orações com amor, purifica-as do pecado e faz com que estejam de acordo com sua santa vontade.

Em segundo lugar, quando Deus fala com Deus, somos encorajados a orar pela certeza de que a oração não são meros pensamentos positivos (ou pensamentos desespera-

---

16 "Deus dará a você o que pedir ou algo muito melhor." Robert Murray M'Cheyne, "Fourth Pastoral Letter: God the Answerer of Prayer", citado em Andrew A. Bonar, *Memoir and Remains of the Rev. Robert Murray M'Cheyne* (Edinburgh: Oliphant, Anderson, & Ferrier, 1894), 195.

dos) lançados ao nada. Nossas orações não são moedas que atiramos na fonte ou desejos que sobem com a fumaça da vela de aniversário que assopramos. Não. As orações são a ocasião para o diálogo divino — pedimos confiantemente que as amorosas pessoas da Trindade conversem e entrem em ação.[17] Escute Reeves mais uma vez: "E, assim, o Espírito sustenta, o Filho conduz e o Pai — que sempre se deleita em ouvir as orações do Filho — ouve-nos com alegria."[18]

    Irmãos e irmãs, um cristão nunca — nunca! — ora sozinho.

Todos Nós e Nosso Deus

Nós oramos como um povo que tem um relacionamento com um Deus que tem um relacionamento consigo mesmo. Portanto, nós também oramos como um povo que tem um relacionamento com todas as outras pessoas que pertencem a ele. Recentemente, ouvi certo homem descrito como "velcro humano". Uma das maiores alegrias desse homem é apresentar seus amigos uns aos outros e depois encorajá-los a desenvolver uma amizade. É exatamente o que o Senhor faz. Depois de nos unir firmemente a ele pelos laços de sua

---

17 Nós falamos com Deus em nossas próprias palavras, como pessoas únicas que somos, "apresentando ao alto [...] nossos desejos diante de Deus". Não somos meros ventríloquos ou espectadores mudos na conversação com Deus; nossa consciência simultânea da conversação divina dá energia e confiança à nossa oração.

18 Reeves, *Delighting in the Trinity*, 98.

Orando juntos

graça, ele nos apresenta aos seus outros amigos, para que todos estejam unidos entre si.

Para abraçar a prática de orarmos juntos, primeiro é necessário entender que os cristãos estão verdadeiramente unidos. A Igreja na Escritura é chamada uma planta (Jo 15.1-17), um edifício (Ef 2.18-22) e um corpo (Rm 12.4-5; 1Co 12.12-27; Ef 4.15-16).[19] Essas três imagens enfatizam que estamos ligados uns aos outros por meio de nosso relacionamento essencial com Cristo, nosso Salvador. Na imagem da planta, Cristo é a videira central e seu povo são os ramos, dependentes dele para nutrição e crescimento. No edifício, somos as diferentes partes da estrutura, edificados sobre o fundamento do ensinamento dos apóstolos e profetas, apoiando-nos em Cristo como a pedra angular que nos mantém unidos. Por último, na imagem da Igreja como um corpo, somos partes distintas e interdependentes, as quais devem "crescer em tudo naquele que é a cabeça, Cristo" (Ef 4.15).

Essa interconexão orgânica e necessária contraria o individualismo de nossos dias. Outra descoberta de Smith é que as pessoas acreditam que "cada indivíduo é diferente de todos os outros e merece uma fé que é adequada à sua personalidade única [...] e que a religião não precisa ser praticada por uma comunidade".[20] Na verdade, os crentes não

---

[19] Por "Igreja", entendemos o povo de Deus em todos os tempos e lugares. Essas pessoas, então, juntam-se sob a autoridade bíblica em lugares específicos, formando as igrejas locais.

[20] Smith, *Soul Searching*, 147.

RELACIONAMENTO

podem esquivar-se da comunidade, assim como um ramo não pode desvincular-se dos outros ramos que fazem parte da mesma árvore. Nossa união com Cristo necessariamente nos une com todos os que estão unidos a ele. Ao longo do Novo Testamento, a Igreja é descrita como aqueles que estão "em Cristo" (1Co 1.2; Gl 1.22; Ef 1.1; Cl 1.2; 1Ts 2.14; 1Pe 5.14). E Jesus orou por seus discípulos em todos os tempos e lugares "a fim de que todos sejam um; e, como és tu, ó Pai, em mim e eu em ti, também sejam eles em nós; para que o mundo creia que tu me enviaste [...] eu neles, e tu em mim, a fim de que sejam aperfeiçoados na unidade" (Jo 17.21, 23). Jesus nos mantém unidos.

Cristo assegura nosso relacionamento com outros crentes e o Espírito aplica sua garantia, mas nós também precisamos trabalhar por isso. Devemos "nos esforçar diligentemente para preservar a unidade do Espírito no vínculo da paz" (Ef 4.3). Nossa unidade é completamente dependente do Espírito, que habita em nós, e nós também precisamos agir para manter essa unidade: nós nos reunimos para o culto público do Dia do Senhor, servimos uns aos outros, encorajamos e exortamos uns aos outros. E uma das expressões primárias de relacionamento com as pessoas que estão em Cristo é reunir-se diante do trono de Deus para orar.

Ao orarmos juntos, alimentamos nosso relacionamento com outros cristãos, unindo nossos corações, assim como unimos nossas vozes (At 4.24), exaltando juntos nos-

Orando juntos

so Salvador comum e, juntos, carregando os fardos uns dos outros. As igrejas do século XIX frequentemente chamavam suas reuniões de oração nos dias úteis de "reunião de oração social" ou "reunião social".[21] Isso é apropriado. A Igreja é uma sociedade sob Cristo e nós estamos certos quando pensamos acerca da oração que fazemos juntos como o maior e mais abençoado tipo de evento social.

Na hora do jantar, quando meus filhos olham para seus pratos e chamam a atenção para o fato de que as vagens estão encostando no frango, eu lembro a eles: "Tudo vai parar no mesmo lugar". Nossas orações também são assim. A visão de João no Apocalipse abre a cortina do céu: "Veio outro anjo e ficou de pé junto ao altar, com um incensário de ouro, e foi-lhe dado muito incenso para oferecê-lo com as orações de todos os santos sobre o altar de ouro que se acha diante do trono; e da mão do anjo subiu à presença de Deus a fumaça do incenso, com as orações dos santos" (Ap 8.3-4). Nossas orações vão todas parar no mesmo lugar. Sempre que oramos juntos, permitindo que nossas orações se misturem com as orações de outros santos, espelhamos o que acontece no céu.

E o fato de orarmos juntos prenuncia nosso futuro celestial, quando, então, nos uniremos àquela "grande multidão que ninguém podia enumerar, de todas as nações, tribos, povos e línguas, em pé diante do trono e diante do

---

21 Charles D. Cashdollar, *A Spiritual Home: Life in British and American Reformed Congregations, 1830-1915* (University Park, PA: Pennsylvania State University Press, 2000), 59.

Cordeiro, vestidos de vestiduras brancas, com palmas nas mãos; e clamavam em grande voz, dizendo: Ao nosso Deus, que se assenta no trono, e ao Cordeiro, pertence a salvação" (Ap 7.9-10). Jonathan Edwards chamou o céu de "um mundo de amor",[22] porque lá nós amaremos e seremos amados perfeitamente por Deus e por seus santos para sempre. No céu, existiremos em gloriosa unidade: juntos, vestidos com a justiça de Cristo; e, juntos, louvando-o a uma só voz.

A oração é uma atividade que expressa um relacionamento. Calvino disse que a oração é "uma conversa íntima dos piedosos com Deus";[23] também é a conversa íntima entre Deus e Deus, e é uma preciosa oportunidade para a conversa íntima do povo que está unido em um relacionamento com ele. Quando oramos juntos, nutrimos nosso relacionamento com o Deus triúno e com seu povo — um relacionamento que nunca chegará ao fim.

---

22   Jonathan Edwards, "Sermon Fifteen: Heaven Is a World of Love," *Works of Jonathan Edwards*, v. 8, *Ethical Writings*, ed. Paul Ramsey, *WJE Online*. Acesso em 8 out. 2014; Disponível em http://edwards.yale.edu/archive?path=aHR0cDovL2Vkd2FyZHMueWFsZS5lZHUvY2dpLWJpbi9uZXdaGlsby9nZXRvYmplY3QucGw/Yy43OjQ6MTUud2plbw==.

23   Calvino, *Institutas*.

2 DEVER

Depois de nosso carro velho finalmente morrer na rampa do mecânico, meu marido e eu compramos um carro novo com câmbio manual. Estava mais barato do que com câmbio automático e, embora eu nunca tivesse conseguido dirigir um carro com câmbio manual, garanti ao meu marido que aprenderia. Dois anos já se passaram e eu continuo sem conseguir dirigir. Ao longo dos meses, fiz algumas tentativas meio hesitantes em algumas ruas da região, mas todo o tempo e toda a energia que se fazem necessários, além da facilidade de dirigir minha minivan de câmbio automático, parada na frente de casa, deixaram-me inerte. Por

Orando juntos

que dirigir aquele carro de câmbio manual? Não é realmente necessário.

Tenho um amigo que também não conseguia dirigir um carro de câmbio manual. Mas, quinze minutos depois de descer do avião no Brasil, alguém lhe entregou a chave de um carro assim. Esse carro seria seu único meio de transporte durante os anos de trabalho missionário que ele e sua esposa estavam começando a realizar. Sem esse carro, ele não seria capaz de fazer compras, ir ao médico ou exercer o ministério. Então, simplesmente meu amigo entrou nele e dirigiu. E, hoje em dia, os movimentos da marcha, da embreagem e do freio, que são extremamente difíceis para mim, tornaram-se instintivos para ele.

Assim como dirigir um carro de câmbio manual, nosso compromisso com a oração corporativa[1] depende da importância que damos a ela. Orar juntos é — como dissemos no último capítulo — uma gloriosa expressão de nossos relacionamentos divinos e humanos, um precioso privilégio adquirido por nós pelo sangue de Cristo, uma atividade essencial do Espírito comum que há em nós. A maioria de nós reconheceria que é uma boa ideia. Contudo, deixa de ser prioridade em nossas vidas quando não estamos convencidos de que isso é necessário.

Mas, longe de ser uma atividade opcional — algo que deve ser aprendido e praticado somente quando não

---

1 Com frequência, a prática de orarmos juntos é chamada "oração corporativa", pois a Igreja é um corpo, termo derivado do latim *corpus*. A oração corporativa é a oração da Igreja, do corpo de Cristo.

há nada mais urgente acontecendo —, Martyn Lloyd-Jones disse que orar juntos é "a própria essência e vida da Igreja".[2] E somente as Escrituras, a Palavra de Deus inspirada, a regra de fé e vida do cristão podem convencer-nos dessa verdade.

    Neste capítulo, permitiremos que a Palavra de Deus nos convença com seus mandamentos — seus *imperativos* — a orarmos juntos. No próximo capítulo, permitiremos que a Palavra de Deus nos encoraje com suas preciosas promessas — seus *incentivos* — a nos reunir para orar. Das duas maneiras, o peso da Escritura nos obriga a reconhecer que os cristãos precisam orar juntos.

A Marca do Povo de Deus ao Longo da História da Redenção

    Em setembro de 1646, John Eliot, colonizador e ministro em Roxbury, Massachussets, viajou pela primeira vez com dois outros ministros para um povoado de algonquinos, a fim de pregar o evangelho. Um mês depois, em uma segunda reunião evangelística que aconteceu lá, Eliot realizou uma oração pública, orando na língua algonquina, "como prova de que, se eles [os algonquinos] orassem, seriam compreendidos por Deus". O Espírito abençoou as reuniões de Eliot e centenas creram em Cristo ao longo de todo o seu ministério duradouro. Aqueles cristãos tornaram-se

---

2   D. Martyn Lloyd-Jones, *Estudos no Sermão do Monte*, 2ª ed. São José dos Campos: Editora Fiel, 2017

Orando juntos

conhecidos na colônia da Baía de Massachusetts como os "índios que oravam" e seus povoados eram chamados "cidades de oração". A marca distintiva daqueles convertidos era, nas palavras de um crente, a decisão de "abandonar a feitiçaria e orar a Deus". Os filhos algonquinos de Cristo não se reuniam mais para praticar feitiçaria e devassidão. Em vez disso, eles se reuniam para orar.[3]

Ao longo de toda a história da redenção, orar uns com os outros foi a marca da vida espiritual do povo de Deus reunido. Assim como a oração foi a evidência de que o coração de Saulo havia sido despertado — "eis que ele está orando" (At 9.11) —, a evidência consistente da vida espiritual entre grupos de cristãos é que eles oram juntos. Em todas as eras e em todos os lugares, sempre que nos reunimos, somos um povo que ora.

O Princípio

Não precisamos nos aventurar por muito tempo no mundo recém-criado para encontrar pessoas orando juntas. Já em Gênesis 4:26, somos informados: "daí se começou a invocar o nome do SENHOR". Este pequeno meio versículo, um registro do primeiro grande avivamento, é rico em significado:

---

[3] Neville B. Cryer, "Biography of John Eliot", *Five Pioneer Missionaries*, ed. S. M. Houghton (Carlisle, PA: Banner of Truth, 1964), 203-17.

Em meio a esse aperto [cercados de impiedade], um pedido urgente é feito a Deus e um espírito de ousadia e união é infundido no povo de Deus para se opor à cobiça iníqua e ao orgulho, que tinham as cidades de Caim como centro. Há uma separação mais clara entre os seguidores da fé de Abel e os apóstatas infiéis. Os homens são constrangidos a professar a religião com mais clareza e a se dedicar com mais determinação ao serviço de Deus, afastando-se do conformismo mundano e, diligentemente, entregando-se à oração como seu único refúgio.[4]

Antes da circuncisão e antes do Sinai, somente alguns anos depois da primeira promessa sobre o Salvador que esmagaria a serpente, os filhos de Sete foram separados dos impiedosos caimitas pela prática de se unir para invocar o nome do Senhor. Alguém que visitasse aquela sociedade reconheceria os piedosos por esta marca: eles oravam juntos. E, desde então, tem sido assim.

Israel

À medida que a narrativa redentora de Deus vai-se desdobrando nas Escrituras, lemos que ele fez um pacto com os descendentes de Jacó e estabeleceu um relacionamento com eles sob sua lei. Deus declarou ao seu povo, Israel, como eles

---

4 R. S. Candlish, *An Exposition of Genesis* (1868; repr. Wilmington, DE: Sovereign Grace, 1972), 76.

Orando juntos

deveriam viver e cultuar perante ele. E a oração pública era um componente vital do culto público definido por Deus.

Embora, com frequência, pensemos nos Salmos como um livro intensamente pessoal, o Livro dos Salmos é uma coletânea de cânticos e orações dados ao povo de Deus para o culto público. Nós podemos orar os salmos como indivíduos? Sem dúvida, mas a intenção primária era que fossem utilizados pelo povo reunido. Orações como o Salmo 90, com sua linguagem na primeira pessoa do plural — "nosso refúgio", "somos consumidos", "ensina-nos a contar os nossos dias", "sacia-nos", "confirma sobre nós as obras das nossas mãos", "Toda oração e súplica, que qualquer homem ou todo o teu povo de Israel fizer [...], ouve tu dos céus, lugar da tua habitação.", eram as súplicas familiares de uma congregação israelita em oração (vv. 1, 7, 12, 14, 17).

Quando Salomão dedicou o templo, ele orou sobre a oração. Ele pediu que Deus recebesse tanto as orações particulares como as orações corporativas de seu povo. "Toda oração e súplica, que qualquer homem ou todo o teu povo de Israel fizer [...], ouve tu dos céus, lugar da tua habitação." (2Cr 6.29-30). O templo era verdadeiramente um lugar glorioso! Todo o Israel se reuniu para orar e Deus ouviu sua oração.

E a coisa fica ainda melhor. Isaías, como o porta-voz profético de Deus, amplia a visão de Salomão ao declarar: "A minha casa será chamada Casa de Oração para todos os povos" (Is 66.7). A promessa sobre o futuro do povo de Deus incluía todas as nações e todos os povos reunidos para orar. Como explicou um comentarista: "Esta é a beleza da santidade: homens de todas as nações, conduzidos à sua casa por sua soberana graça, oferecem o sacrifício da oração ao seu santo e amado nome e, em seu nome, servem a ele em sua casa".[5] O Antigo Testamento antecipava o dia em que o povo diversificado de Deus, de diferentes lugares, estaria unido em oração.

Exílio

Mas, antes de chegar o tempo em que as nações se uniriam ao povo de Deus, seu povo seria espalhado entre as nações. Sua persistente rebelião contra o único Deus e seu amor traiçoeiro por outros deuses os conduziram ao justo juízo e exílio. Espalhados e deslocados, o povo de Deus no exílio vivia sua fé sem as marcas externas de um templo físico ou do culto sacerdotal. E, mesmo quando eles viviam entre os pagãos, a oração corporativa era o que identificava o povo de Deus como santo.

Daniel era um jovem israelita que foi levado para a Babilônia, a fim de para servir na corte de Nabucodonosor. Ele e seus três amigos foram separados de suas famílias, receberam novos nomes, foram treinados na cultura pagã e tratados como mágicos e feiticeiros da corte do rei. Mas, logo no início da história, a Escritura garante que eles não

---

5 Edward J. Young, *The Book of Isaiah*, v. 3, caps. 40-66 (Grand Rapids, MI: Eerdmans, 1972), 394.

Orando juntos

se renderam à impiedade que os cercava. Sob ameaça de morte, pediram que Daniel interpretasse um sonho que ele não sabia qual era. Ele se mostrou notoriamente diferente dos sábios, que estavam preocupados e não queriam dizer a verdade. Daniel e seus amigos oraram juntos: "Então, Daniel foi para casa e fez saber o caso a Hananias, Misael e Azarias, seus companheiros, para que pedissem misericórdia ao Deus do céu sobre este mistério, a fim de que Daniel e seus companheiros não perecessem com o resto dos sábios da Babilônia" (Dn 2.17-18).

Depois que Deus respondeu às suas orações e revelou o sonho, eles entraram em ação. Eles precisavam resolver o problema com urgência. Aquele rei impaciente e caprichoso estava esperando. A vida de todos os sábios do país estava em risco. A reputação do Deus de Israel estava em jogo. E Daniel e seus amigos escolheram a atividade mais urgente em primeiro lugar: eles se uniram para louvar a Deus em oração (Dn 2.20-23).

Ester também se mostrou muito diferente em meio à iniquidade que havia ao seu redor. Como Daniel — longe de sua família, imersa na vida da realeza pagã e sob ameaça de morte —, Ester convocou uma reunião de oração: "Então, disse Ester que respondessem a Mordecai: Vai, ajunta a todos os judeus que se acharem em Susã, e jejuai por mim, e não comais, nem bebais por três dias, nem de noite nem de dia; eu e as minhas servas também jejuaremos. Depois, irei ter com o rei, ainda que é contra a lei; se perecer, pereci" (Et

4.15-16). Na Escritura, a oração sempre acompanha o jejum, e Ester, sem dúvida, estava chamando as pessoas para orar.⁶

Esses dois jovens não tinham pais ou sacerdotes para mandá-los orar juntos. Eles eram direcionados pelo conhecimento dos caminhos de Deus e pela fé verdadeira. Mesmo quando o povo de Deus é um estrangeiro em terras estranhas e é pressionado de todos os lados, junta-se para orar.

Retorno

Como os profetas haviam predito, muitos do povo de Deus retornaram da terra do exílio. Eles restabeleceram famílias e cidades, trabalharam com as mãos e adoraram no templo recém-construído. E oraram juntos.

Quando Esdras regressou com um grupo de exilados, imediatamente iniciou um jejum: "Então, apregoei ali um jejum junto ao rio Aava, para nos humilharmos perante o nosso Deus, para lhe pedirmos jornada feliz para nós, para nossos filhos e para tudo o que era nosso [...] Nós, pois, jejuamos e pedimos isto ao nosso Deus, e ele nos atendeu" (Ed 8:23). Como líder, Esdras conhecia sua responsabilidade de convocar o povo para se unir em oração.

Depois que eles chegaram à terra, descobriu-se que o povo do pacto havia, pecaminosamente, se casado com

---

6 Ver Peter Bloomfield, *The Guide: Esther* (Auburn, MA: Evangelical Press, 2002), 78.

mulheres pagãs. Ao receber essa notícia, o próprio povo foi motivado a se unir em oração. A Bíblia não menciona nenhum chamado geral de Esdras, mas "ajuntou-se a ele de Israel uma mui grande congregação de homens e mulheres e de crianças" para se arrepender e lamentar (Ed 10:1). Confrontados com seu pecado, "todos os que tremiam das palavras do Deus de Israel" foram motivados em seus corações a se reunir para orar (Ed 9:4).

Jesus

Na plenitude dos tempos, a narrativa redentora nos leva ao clímax: Jesus. Nós oramos "no nome de Jesus" porque ele é aquele cujo sangue nos assegura nosso direito de orar. Sua perfeita vontade e seu caráter imaculado direcionam nossas orações, e sua contínua intercessão no céu nos dá ousadia quando estamos de joelhos. Esse Jesus é nosso maior exemplo e nosso melhor professor na escola da oração em grupo.

No capítulo anterior, falamos sobre o hábito de Jesus de levar seus discípulos a um lugar para orar. Eles tinham familiaridade com a prática de orar juntos e, quando pediram que Jesus os ensinasse a orar, ele respondeu com uma linguagem no plural: "Pai Nosso [...] o pão nosso de cada dia dá-nos hoje; perdoa-nos as nossas dívidas, assim como nós temos perdoado aos nossos devedores; E não nos deixes cair em tentação, mas livra-nos do mal" (Mt 6.9-13). Jesus não somente ensinou seus discípulos a orar em particular (Mt 6:6), como também a orar uns com os outros e uns pelos outros, orando ao seu Pai em comum pelas necessidades comuns.[7]

Posteriormente, quando Jesus purificou o templo, zelosamente defendeu a oração corporativa como uma prioridade do povo de Deus, reafirmando a designação de Isaías, "casa de oração" (Mt 21.13; Mc 11.17; Lc 19.46; cf. Is 56.7). O que talvez tenha surpreendido seus ouvintes é que Jesus não definiu o lugar de culto como um lugar de sacrifício.[8] Em vez disso, para aqueles que estavam distraídos com os que vendiam as pombas e com os criminosos de colarinho-branco, Jesus focou no que o povo de Deus deve fazer quando se reúne. Ele disse para que orassem juntos.

Céu

Somente no céu é que estaremos perfeita e completamente reunidos. E lá também ele mandará que seus discípulos orem. Ele é a "voz do trono", que ordena à multidão: "Dai louvores ao nosso Deus" (Ap 19.5).[9] E ele é nosso irmão mais velho, liderando o louvor da congregação (Hb 2.12).

Se entendemos que orar é pedir a Deus algo que não temos, pode parecer estranho pensar em orarmos juntos como um povo aperfeiçoado na nova Criação. Mas, se lem-

---

7 João Calvino, *Institutas da Religião Cristã*, São José dos Campos: Editora Fiel, 2018.

8 J.C. Ryle, *Meditações no Evangelho de Lucas*. 1 ed. São José dos Campos: Editora Fiel, 2002.

9 Ver G.K. Beale, *The Book of Revelation: A Commentary on a Greek Text* (Grand Rapids, MI: Eerdmans, 1999), 930.

Orando juntos

brarmos que a oração é um "santo oferecimento dos nossos desejos a Deus [...] com ação de graças",[10] vemos que, no céu, também será importante orarmos juntos. Evidentemente, alguns elementos que fazem parte de nossas orações na terra serão desnecessários no céu. Nossos pecados desaparecerão e, junto com eles, nossa prática de confissão. Nossas necessidades serão completamente atendidas — o próprio Cordeiro iluminará nossos dias, nossa fome será saciada em sua festa de casamento e suas mãos furadas pelos cravos enxugarão todas as nossas lágrimas — e não teremos de pedir o pão nosso de cada dia. Mas as orações continuarão a existir e, juntos, ofereceremos um puro desejo: a glória eterna de nosso Deus. Nossa voz se juntará à multidão dos santos na eterna oração: "Aleluia! [...] exultemos e demos-lhe a glória" (Ap 19.5-7).

Mas o que o céu tem a ver conosco? G. K. Beale explica da seguinte forma:

> Cristãos são como peregrinos de passagem neste mundo. Sendo assim, eles devem comprometer-se com a revelação de Deus na nova ordem, de modo a, progressivamente, refletir e imitar sua imagem, vivendo cada vez mais de acordo com os valores do novo mundo, não se conformando

---

[10] Westminster Shorter Catechism, *The Confession of Faith Together with the Larger Catechism and the Shorter Catechism with Scripture Proofs*, 3rd ed. (Lawrenceville, GA: Christian Education & Publications, 1990), Q&A 98.

ao sistema caído, às suas imagens idólatras e aos seus valores associados.[11]

Como cidadãos do céu, nós, cristãos, vivemos de acordo com as prioridades de um país melhor. E, se orar em conjunto é um importante trabalho do céu, então também precisa ser importante para o povo de Deus na terra. Com frequência, os escritos do Novo Testamento vinculam a fidelidade na oração às nossas expectativas do céu. 1Tessalonicenses 5.12-24; Filipenses 4.5-6 e Judas 20-21 ordenam que os cristãos orem à luz da vinda iminente de Cristo. Além disso, Hebreus 10:24-25 nos incentiva a nos reunirmos "tanto mais quanto vedes que o Dia se aproxima". A Palavra de Deus usa a perspectiva de que, juntos, adoraremos eternamente para nos inspirar a buscar essas coisas com fervor agora.

Atos: Nosso Fundamento

Cercados por essa grande nuvem de testemunhas — o povo de Deus em todas as eras e em todos os lugares, cujas vidas são um testemunho e um encorajamento para orarmos juntos —, chegamos ao livro de Atos. Atos não somente está de acordo com as eras anteriores da história da redenção, como também estabelece o fundamento para a Igreja até à consumação do século.

---

11 Beale, *Revelation*, 175; ênfase acrescentada.

Orando juntos

Em Atos, encontramos o mais claro retrato das prioridades da Igreja do Novo Testamento: vemos o evangelho percorrer o caminho de Jerusalém até os confins da terra e vemos seus efeitos em todos os lugares aonde chegou. Em seus 28 capítulos, situações de oração são mencionadas explicitamente vinte vezes, além de muitas outras menções implícitas.[12] Lemos em Atos que os cristãos oravam juntos com regularidade, planejamento e intencionalidade. Mas aqueles primeiros cristãos não inventaram a ideia de orar em grupo. Suas orações corporativas estavam conectadas às orações realizadas durante os milhares de anos de história pactual. Os primeiros cristãos também conheciam a nuvem de testemunhas.

A prática dos cristãos em Atos lança, cuidadosamente, o fundamento para o próximo estágio na história da redenção — da ascensão de Cristo ao seu retorno —, avançando e definindo o padrão para a Igreja até o nosso tempo. Como explicou Dennis Johnson, "o período apostólico fundacional tem algumas características especiais pelo fato de ser fundacional, mas a fundação é o que determina a forma do edifício que será edificado".[13] Esses crentes em Atos oravam juntos porque o povo de Deus sempre foi e sempre precisa ser um povo de oração.

---

12 Em Atos 13.3; 15.40; 20.36-38 e 21.5-6, os santos unem-se para orar nas ocasiões em que precisam enviar homens para o trabalho missionário. É razoável concluir que, embora a prática de oração não seja mencionada especificamente em outras partidas, registradas em Atos 15.30, 33; 17.10, 14; 20.1, a Igreja certamente orava em conjunto.

13 Dennis E. Johnson, *The Message of Acts in the History of Redemption* (Phillipsburg, NJ: P&R, 1997), 5:

Somos apresentados a eles pela primeira vez enquanto eles aguardavam o Espírito prometido: "Todos estes perseveravam unânimes em oração, com as mulheres, com Maria, mãe de Jesus, e com os irmãos dele" (At 1.14). Esse verso destaca as características da oração corporativa que se repetem ao longo de todo o livro de Atos. A oração deles era deliberada ("perseveravam"), era unida ("unânimes") e incluía a plena diversidade de cristãos ("Todos estes [...] com as mulheres [...] e com os irmãos dele").

Desse verso em diante, Lucas registra a prioridade fundacional da oração corporativa. Os cristãos de Atos oraram juntos:

- na escolha do substituto de Judas (1.24);
- depois do Pentecostes, como uma marca da vida espiritual dos novos crentes (2.42);
- nas refeições compartilhadas (2.46);
- nos tempos designados no templo (3.1);
- por coragem diante da perseguição (4.23-31);
- como a prioridade especial dos apóstolos (6.4);
- pelo Espírito com a igreja da Samaria (8.15-17);
- no meio da noite por Pedro, quando ele foi preso (12.5, 12);
- quando Barnabé e Saulo foram enviados (13.1-3);
- ao escolher os presbíteros da igreja para encomendá-los ao Senhor (14.23);
- ao enviar Paulo e Silas pela Síria e a Cilícia (15.40);

Orando juntos

- no sábado com as mulheres piedosas de Filipos (16.13);
- novamente, no lugar de oração em Filipos (16.16);
- na prisão em Filipos, à meia-noite (16.25);
- com os presbíteros de Efésio, quando Paulo deixou Jerusalém (20.36-38);
- em Tiro, com os discípulos acompanhados por suas esposas e filhos; por Paulo, que estava prestes a navegar rumo a Jerusalém (21.5-6);
- com ação de graças pela comida no navio (27.35-38);
- pelo pai de Públio, na ilha de Malta (28.8);
- com os irmãos de Roma, que viajaram para se encontrar com Paulo (28.15).

Para a Igreja primitiva, muitas coisas precisavam ser feitas. Mas orar em grupo era um trabalho essencial para proclamar o evangelho, para partir o pão, para alimentar as viúvas e para plantar igrejas. Esses primeiros cristãos — diversificados, unidos e dedicados — oravam juntos quando chegavam e quando saíam. Eles oravam juntos quando ficavam doentes e quando eram presos, mas também simplesmente quando se sentavam para fazer uma refeição. Eles oravam nos cultos formais no templo e nas reuniões de oração junto do rio. Os apóstolos oravam juntos. Homens, mulheres e crianças oravam juntos. Eles oravam pelo Espírito, por proteção e por coragem na proclamação do evangelho. Eles oravam uns pelos outros. Nos locais aos quais o evangelho chegava, onde as igrejas eram estabelecidas, o povo de Deus era um povo de oração.

Irmãos e irmãs, podemos pensar que os cristãos de hoje devem ser diferentes?

Mandamentos: Todo Mundo, em Todo Lugar, sobre Tudo

Então, finalmente, chegamos aos mandamentos diretos — os imperativos explícitos — das epístolas do Novo Testamento. Repetidas vezes, essa parte das Escrituras diz que devemos orar juntos.[14] Com todo mundo. Em todo lugar. Sobre tudo.

O chamado do Novo Testamento para orar inclui todo mundo junto. Em nossa cultura individualista, talvez estejamos acostumados a entender que, quando Paulo diz, "na oração, perseverantes" (Rm 12.2) e "perseverai na oração" (Cl 4.2), está falando sobre a devoção individual. Mas esses mandamentos não são simplesmente imperativos para as orações pessoais (embora certamente também seja isso); são imperativos para a Igreja. A maioria das epístolas eram cartas para a Igreja como um todo. Deveriam ser lidas no culto público (Cl 4.16; 1Ts 5.27), e seus mandamentos deveriam ser entendidos como primariamente direcionados ao povo de Deus congregado.

---

14 Rm 12.12; 2Co 1.11; Ef 6.18; Fp 4.5-6; Cl 4.2-4; 1Ts 5.16-18; 1Ts 5.25; 2Ts 3.1; 1Tm 2.1-2, 8; Hb 13.18-19; Tg 5.13-16; Jd 20-21.

Orando juntos

"Irmãos, orai por nós" (1Ts 5.25, cf. 2Ts 3.1), escreve Paulo aos tessalonicenses. Mas quem são esses irmãos? Paulo os chama "igreja" e "amados de Deus" (1Ts 1.1,4). Esse mandamento de orar foi recebido por toda a igreja reunida. Em outro lugar, Paulo pede que a multidão ore por ele: "ajudando-nos também vós, com as vossas orações a nosso favor, para que, por muitos, sejam dadas graças a nosso respeito, pelo benefício que nos foi concedido por meio de muitos" (2Co 1.11). A igreja não é meramente um grupo de indivíduos que oram sozinhos; é uma congregação que deve orar em conjunto.

E como as igrejas do Novo Testamento eram diversificadas! Os primeiros ouvintes das epístolas incluíam homens, mulheres, crianças, escravos, judeus, gentios, ricos, pobres, membros da família real, órfãos, viúvas, pessoas com deficiências, novos convertidos, crentes maduros e cristãos que eram enganados por falsos mestres. Em nossos dias, nós também adoramos com pessoas de todas as idades, de ambos os gêneros e com diversos dons e habilidades. As diversas pessoas que formam a igreja têm mandamento para unir suas vozes em oração. Assim como os discípulos, as mulheres e os irmãos "perseveravam unânimes em oração" (At 1.14) nos primeiros momentos do cristianismo e, assim como os discípulos de Tiro, as mulheres e as crianças oraram na praia antes de Paulo partir para Jerusalém (At 21.5), os discípulos cristãos, as mulheres e as crianças da Igreja moderna também devem orar juntos.

Os escritores do Novo Testamento dizem para a Igreja orar, e esses mandamentos estão de acordo com o restante da Palavra inspirada, autoritativa e inerrante de Deus. Junto com o Antigo Testamento, os mandamentos do Novo Testamento mostram qual é o caminho da piedade para nós hoje. Eles falam do grande cumprimento da "Casa de Oração para todos os povos" (Is 56.7), profetizada por Isaías. Eles trazem à mente a grande reunião de oração no tempo de Esdras, quando homens, mulheres e crianças, espontaneamente, se reuniam para uma confissão pública. E ecoam a proclamação do trono celestial: "Dai louvores ao nosso Deus, todos os seus servos, os que o temeis, os pequenos e os grandes" (Ap 19.5).

As ordens do Novo Testamento para orar incluem a diversidade de pessoas, mas também envolvem situações diversas. Em primeiro lugar, a oração deve ser uma parte significativa de nosso culto público no dia do Senhor. Paulo dá as seguintes instruções para o culto público: "Quero, portanto, que os varões orem em todo lugar, levantando mãos santas, sem ira e sem animosidade" e "é próprio que a mulher ore a Deus sem trazer o véu?" (1Tm 2.8; 1Co 11.13). Há muitos debates sobre como aplicar o levantar das mãos e o véu em nossos dias, mas ninguém questiona que esses textos apontam para a necessidade da oração no culto público. Orar juntos no culto do Dia do Senhor é simplesmente expressar o que encontramos em toda a Escritura. Ecoa as orações públicas dos Salmos que eram oferecidas no templo,

Orando juntos

cumpre as instruções de Jesus sobre nossa prioridade no culto público e dá continuidade à prática dos apóstolos, que continuavam a visitar o templo e as sinagogas "à hora da oração" (At 3.1).

Mas, em segundo lugar, o dever de orar em conjunto continua ao longo da semana. Não somos ordenados a simplesmente orar com os santos reunidos no domingo, achando que é suficiente para cumprir nosso dever. Não, o mandamento é para que o povo de Deus ore junto "em todo o tempo" e "sem cessar" (Ef 6.18; 1Ts 5.17). Como o povo pactual de todas as eras, devemos intencionalmente orar com fervor sempre que possível. Se os exilados pararam junto ao rio antes de começar a viagem de regresso, se Daniel e Ester convocaram reuniões de oração antes de se apresentar ao rei, se Paulo e seus companheiros oravam juntos nas prisões e nas praias, nos quartos pelos enfermos e nos navios, nós devemos fazer o mesmo. Se os cristãos em Atos oraram por Paulo à meia-noite e se Paulo, Silvano e Timóteo declararam que eles oravam pela igreja "dia e noite" (1Ts 3.10), não podemos ser limitados por um "horário comercial". Quando oramos juntos aqui, lá e em todo lugar, em diferentes dias da semana e em diferentes horários do dia e da noite — quando oramos juntos "sem cessar" —, damos continuidade à prática perpétua do povo de Deus e cumprimos o mandato do Senhor.

Ao se comprometer a orar em conjunto em todos os tempos, a Igreja se diferencia totalmente da impiedade que existe ao seu redor. Judas escreveu: "Vós, porém, amados, edificando-vos na vossa fé santíssima, orando no Espírito Santo [...]" (Jd 20). Judas implora à Igreja que ore de maneira a se mostrar diferente da impiedade ao redor. Os cristãos de nossos dias devem ser como os seguidores de Sete (Gn 4.26), como os amigos de Daniel e como as servas de Ester, voltando-se juntos para Deus em uma cultura de grande iniquidade.

Por último, as epístolas do Novo Testamento nos ordenam a orar juntos sobre tudo. Nós devemos orar juntos sobre tudo como um antídoto para a ansiedade (Fp 4.5-6). Devemos orar juntos quando um de nós está doente, sofrendo ou preso a um pecado (Tg 5.13-16). Devemos orar juntos por todos os cristãos (Ef 6.18), implorando a Deus que seu povo viva em paz (1Tm 2.1-2). E devemos orar pelos obreiros do reino, para que vivam vidas piedosas, sejam protegidos da perseguição e preguem com o poder do Espírito (Hb 13.18-19, 1Ts 5.25; 2Ts 3:1).

Nos próximos capítulos, examinaremos com maiores detalhes o conteúdo de nossas orações. Mas a instrução fundamental das epístolas é que devemos orar juntos por todas as coisas. Assim como os Salmos contêm pedidos a Deus referentes a todas as necessidades humanas, assim como Salomão encorajou "toda súplica" que os israelitas congregados fizessem (1Rs 8:38), assim como a igreja em Atos orou por líderes fortes para a Igreja de Cristo, por coragem para proclamar o evangelho e para abrir as portas da

Orando juntos

prisão (At 1.24; 4.23-31; 12.5), nós também devemos apresentar todos os nossos pedidos a Deus.

Orar em conjunto deve ser um modo de vida para os cristãos. Nós devemos continuar a inclinar nossas cabeças no culto público e à mesa de jantar com a família, e devemos continuar a buscar novas oportunidades de nos unir a outras pessoas diante do trono de Deus. As Escrituras deixam claro que nossas interações com diversos outros cristãos devem ser cheias de orações como a prática comum de nossa vida.

Irmãos e irmãs, precisamos ser um povo de oração.

3 PROMESSA

Deus nos faz promessas. Tendo ordenado que orássemos juntos, ele promete nos beneficiar quando obedecermos. Deus diz que, quando orarmos juntos, ele derrotará seus inimigos, proclamará sua glória, vivificará nossos corações, concederá nossos desejos, nos dará sua presença e trará cura. Por causa dessas amorosas garantias, nós nos reunimos para orar sabendo que nosso Deus realizará grandes coisas.

Orando com Base em Números?

Dentro de alguns instantes, vamos nos concentrar em alguns versículos individuais, saboreando sua doçura,

Orando juntos

mas, antes, vamos tentar entender o quadro geral. Infelizmente, as pessoas, com frequência, interpretam as promessas de Deus sobre a oração como uma fórmula mágica para a bênção. Martyn Lloyd-Jones escreveu sobre "a noção matemática da oração", a noção que as pessoas têm de que determinadas circunstâncias relacionadas à oração (período, número de repetições e esforço de quem que ora) podem aumentar as chances de assegurar a bênção de Deus.[1] Nós cometemos o mesmo erro quando lemos sobre as promessas de Deus para aqueles que oram juntos e concluímos que, se conseguirmos pessoas suficientes para pedir algo a Deus com a quantidade certa de coragem, ele terá de nos dar o que queremos.

Isso conduz a uma visão reduzida do amor que o Pai tem por nós. Quando pensamos que Deus somente nos ouvirá ou que ele somente concederá o que pedimos se conseguirmos determinada quantidade de pessoas com certa quantidade de fé — reunindo uma quantidade suficiente de amigos do nosso lado da gangorra ou coletando determinado número de assinaturas —, orar em conjunto torna-se uma tentativa de manipular um Deus que age com má vontade. Nada pode estar mais distante do verdadeiro caráter do Pai, aquele que, repetidamente, se apresenta como cheio de compaixão e misericórdia, o doador de toda boa dádiva,

---

[1] D. Martyn Lloyd-Jones, *Estudos no Sermão do Monte*. São José dos Campos: Editora Fiel, 2017.

PROMESSA

aquele que está atento aos clamores dos fracos e dos abandonados e desejoso de conceder o que seus filhos pedem.

Por causa de seu amor generoso, ele nos deu seu Filho, que vive eternamente para interceder. Repetidas vezes na Escritura, Deus se mostra inclinado a ouvir a oração até de uma pessoa sozinha. Abraão, sozinho, orou por Sodoma (Gn 18.22-33). Moisés, sozinho, orou por Israel (Nm 14.13-19). Elias era um homem piedoso — as coisas tinham ficado tão feias em Israel que ele era o único homem piedoso — e Deus ouviu e atendeu à sua oração por chuva (Tg 5.17-18). E o homem enfermo de Betesda não tinha ninguém para carregá-lo, mas nosso Senhor o curou no lugar em que ele estava deitado sozinho, ao lado do tanque (Jo 5.1-9). Por que o Deus do universo ouviria as súplicas de uma só pessoa? Porque, como dissemos no Capítulo 1, uma pessoa em oração nunca é somente uma pessoa. Uma pessoa sempre tem a ajuda indispensável de Três: o Filho, cujo sangue assegura nosso direito de orar; o Pai, que sempre ouve aqueles que pertencem a ele; e o Espírito, que nos ajuda com base no conhecimento que ele tem da mente de Deus. Nenhuma quantidade de pessoas orando juntas — nem duas pessoas ou dois milhões de pessoas, nem um grupo de pessoas especialmente santas ou especialmente fervorosas — pode tornar nossas orações mais aceitáveis ou mais persuasivas para ao Pai. Cristo somente é o nosso mediador. Sua obra perfeita — e somente sua obra! — garante que nossas orações sejam recebidas com amor pelo Pai.

Orando juntos

O pai da Igreja, Tertuliano, entendeu as promessas de Deus da forma correta quando disse que orar junto é "uma santa conspiração na qual lutamos com Deus por uma força que é agradável a ele".[2] Os termos de nossa conspiração são santos: são estabelecidos pelo Senhor e praticados sob a direção dele. Nossa conspiração é bem-vinda: é acompanhada pela intercessão de Cristo e encorajada por suas promessas. Nós "lutamos com Deus" somente porque, antes, ele abriu a porta da bênção e nos convidou para entrar. Por meio de suas graciosas promessas, nosso Pai amoroso declara o que pretende dar e nos incentiva gloriosamente a pedirmos juntos.

Vamos considerar cinco passagens da Escritura que mostram como Deus usa nossas orações em unidade.

Guerra e Juízo

> Veio outro anjo e ficou de pé junto ao altar, com um incensário de ouro, e foi-lhe dado muito incenso para oferecê-lo com as orações de todos os santos sobre o altar de ouro que se acha diante do trono [...] E o anjo tomou o incensário, encheu-o do fogo do altar e o atirou à terra. E houve trovões, vozes, relâmpagos e terremoto (Ap 8.3, 5).

---

2 Tertuliano citado em Thomas Manton, *An Exposition on the Epistle of Jude* (1658; repr. Minneapolis: Klock & Klock, 1978), 274.

Orar junto é uma manobra tática na grande guerra de Deus contra Satanás e seu reino. Efésios 6 conclui sua descrição de nossa armadura espiritual contra o mal o um imperativo de atacar por meio da oração (Ef 6.18). Como João Calvino comentou: "Nós devemos lutar através de nossas orações e súplicas".[3] Nas mãos de um crente, a oração é uma só arma contra um inimigo poderoso. Nas mãos de um povo reunido, a oração é um arsenal para o exército do Senhor, capacitando-nos a "resistir no dia mau" (Ef 6.13). Pelas orações de muitos, o povo de Deus é afastado da tentação e livrado do mal (Mt 6:13). Quando oramos juntos, os súditos de Satanás levantam a bandeira branca da rendição e seus demônios são derrotados (Mc 9:29). Quando oramos juntos, o evangelho de Jesus Cristo assegura a vitória no coração das pessoas (2Ts 3.1). Até os louvores unidos dos pequeninos forçam Satanás a calar sua boca (Sl 8.2). O Maligno pode até rugir diante da Igreja, mas a Igreja em oração ataca os portões do inferno. E os portões do inferno vão desmoronar (Mt 16.18).

    O ápice de nossas orações corporativas será no último dia, na hora final do juízo para os ímpios e rebeldes. Na visão de João no Apocalipse, o sétimo selo é aberto e as orações dos santos sobem juntas da mão do anjo, diante do Grande Trono. Deus responde a essas orações enviando

---

[3] Calvin, *John Calvin's Sermons on the Epistle to the Ephesians* (1562; repr. Carlisle, PA: Banner of Truth, 1987), 677.

Orando juntos

juízo:[4] "E o anjo tomou o incensário, encheu-o do fogo do altar e o atirou à terra. E houve trovões, vozes, relâmpagos e terremoto" (Ap 8.5). As orações dos santos são usadas por Deus para julgar seus inimigos. Nossas orações são uma força espiritual, e muitas — talvez a maioria — das respostas às nossas orações acontecem em lugares que não vemos. Nossa luta não é contra o sangue e a carne; é uma guerra contra as forças do mal (Ef 6.12), e os santos em oração são o exército escolhido por Deus para derrotar seu inimigo moribundo.

Irmãos e irmãs, "as orações dos santos e o fogo de Deus movem todo o curso do mundo".[5]

Glória e Honra

> Todas as tuas obras te renderão graças, SENHOR;
> e os teus santos te bendirão. Falarão da glória
> do teu reino e confessarão o teu poder, para que
> aos filhos dos homens se façam notórios os teus
> poderosos feitos e a glória da majestade do teu
> reino (Sl 145.10-12).

Quando meu marido e eu dirigimos pelas ruas de uma nova cidade na hora de uma refeição, ficamos atentos

---

4 G.K. Beale, *The Book of Revelation: A Commentary on the Greek Text* (Grand Rapids, MI: Eerdmans, 1999), 456-57.

5 T.F. Torrence, citado em Eric J. Alexander, *Prayer: A Biblical Perspective* (Carlisle, PA: Banner of Truth, 2012, 77.

para encontrar um lugar para comer. O restaurante não precisa ser grande, famoso ou sofisticado. O que procuramos é um estacionamento cheio. Quinze carros na frente de um pequeno prédio indicam que o lugar vale a pena — não importa se a tinta está descascando ou se as janelas estão sujas. A presença de outras pessoas no restaurante nos convence a confiar nossos apetites a quem está na cozinha e raramente saímos desapontados. Da mesma maneira, quando o povo de Deus se reúne para orar, é um testemunho para os transeuntes do mundo: Olhe aqui! Encontramos algo de bom!

Repetidas vezes na Escritura, Deus tem prazer no louvor e na adoração de muitos: "Engrandecei o SENHOR comigo". Davi convida em outro salmo, "e todos, a uma, lhe exaltemos o nome" (Sl 34.3). Nosso Deus não é um Deus que tem prazer em se esconder, mas que tem prazer em se revelar em todos os lugares, especialmente no meio de seu povo. Suas respostas aos nossos pedidos e sua bondade conosco são oportunidades para que muitos deem graças (2Co 1.11), e o fato de orarmos juntos é uma prévia daquele dia em que "se dobrará todo joelho, e toda língua dará louvores" (Rm 14.11).

Quando oramos juntos, declaramos quem é o nosso Deus para que outros possam ouvir — construímos uma arena para apresentar a soberana obra de Deus e seu gracioso caráter. Nossas orações corporativas demonstram que somos um povo que conhece nosso Deus e que tem prazer em seus caminhos: "Ele é o teu louvor" (Dt 10.21). E Deus usa nossas palavras de louvor e ação de graças para revelar a si mesmo e seu reino "aos filhos dos homens" (Sl 145.12). Quando nos unimos em oração, diz Matthew Henry, convidamos todas as pessoas "a se tornar seus súditos dispostos e a se pôr sob a proteção desse poderoso potentado".[6] Quando oramos juntos, Deus glorifica a si mesmo no meio de todos os que ouvem.

Perdão e Avivamento

> Se eu cerrar os céus de modo que não haja chuva, ou se ordenar aos gafanhotos que consumam a terra, ou se enviar a peste entre o meu povo; se o meu povo, que se chama pelo meu nome, se humilhar, e orar, e me buscar, e se converter dos seus maus caminhos, então, eu ouvirei dos céus, perdoarei os seus pecados e sararei a sua terra (2Cr 7.13-14)

Através de suas palavras a Salomão, o Senhor nos diz que devemos ter uma atitude de humildade quando oramos juntos. Ao orarmos juntos — pedindo a Deus pelo que nós mesmos não somos capazes de realizar —, publicamente reconhecemos a diferença entre ele e nós, e admitimos que dependemos dele. Confessamos nosso pecado, repre-

---

[6] Matthew Henry, *Matthew Henry's Commentary*, v. 3, *Job to Song of Solomon* (1710; repr. Peabody, MA: Hendrickson, 1991), 365.

endendo Satanás e declarando nossa aliança com Deus. E também unimos nossas vozes para buscar a face de Deus. Como Jonathan Edwards explicou, ao buscar a face de Deus, estamos buscando o próprio Deus:

> Mas certamente a expressão *buscar ao Senhor* é usada, comum e frequentemente, para significar algo mais. Indica que o próprio Deus é o grande bem desejado e buscado; que as bênçãos diligentemente almejadas são a presença graciosa de Deus, suas benditas manifestações, a união e o relacionamento com ele, ou, em síntese, a manifestação e as comunicações do próprio Deus mediante o seu Espírito Santo.[7]

O principal pedido do povo de Deus é pelo Espírito Santo (cf. Lc 11.11-13). E, em resposta à nossa súplica, Deus promete derramar sua graça: "Então, eu ouvirei dos céus, perdoarei os seus pecados e sararei a sua terra". Em resposta à nossa humilhação, o Pai condescende em nos ouvir. Em resposta à nossa confissão, ele exalta seu Filho ao perdoar nossos pecados. Em resposta ao nosso desejo de conhecê-lo, ele enche seu povo com seu Espírito.

Irmãos e irmãs, quando oramos juntos, Deus envia avivamento.

---

7 Jonathan Edwards, *An Humble Attempt*, *The Works of Jonathan Edwards*, v. 5, Apocalyptic Writings, ed. Stephen J. Stein, *WJE Online*, acesso em 26 dez. 2014. Disponível em http://edwards.yale.edu/archive?path=aHR0cDovL2Vkd2FyZHMueWFsZS5lZHUvY2dpLWJpbi9uZXdwaGlsby9nZXRvYmplY3QucGw/Yy40OjUud-2plbw==.

Orando juntos

Vamos falar com mais detalhes sobre avivamento no Capítulo 6; por enquanto, podemos simplesmente nos deleitar com o fato de que esses versos contêm uma promessa de avivamento.[8] Em resposta às orações realizadas por seu povo com humildade e unidade, Deus se compromete a mover e renovar os corações de seus filhos e a derramar o Espírito sobre sua Igreja. Assim como a chuva depois de uma seca, a colheita depois dos gafanhotos e a cura depois de uma doença, Deus aviva seu povo quando ele ora em conjunto.

Concordância e Comunhão

> Em verdade também vos digo que, se dois dentre vós, sobre a terra, concordarem a respeito de qualquer coisa que, porventura, pedirem, ser-lhes-á concedida por meu Pai, que está nos céus. Porque, onde estiverem dois ou três reunidos em meu nome, ali estou no meio deles (Mt 18.19-20).

Aqui, a promessa de Jesus aparece em um contexto primário de disciplina eclesiástica, mas nós também podemos fazer uma aplicação secundária para a oração.[9] Em Mateus 18, Cristo promete estar conosco e o Pai promete nos

---

[8] J. Barton Payne, *1 & 2 Chronicles*, *Expositor's Bible Commentary* (Grand Rapids, MI: Zondervan, 1988), 465.

[9] Ver, por exemplo, R. T. France, *The Gospel According to Matthew: An Introduction and Commentary* (Grand Rapids, MI: Eerdmans, 1985), 276.

responder quando orarmos juntos. O glorioso tema dessa passagem é a concordância: os crentes reunidos concordam com Cristo ("Porque, onde estiverem dois ou três reunidos em meu nome, ali estou no meio deles"); os crentes concordam entre si ("se dois dentre vós concordarem"); e o Pai concorda com a oração que eles fazem em unidade ("ser-lhes-á concedida por meu Pai, que está nos céus"). Como os fios de uma corda, esses três fios da concordância são inseparáveis.

Quando eu estava na faculdade, entrei para uma equipe de nado sincronizado. Eu adorava nadar e achava que fazer esse esporte poderia ser uma experiência nova e divertida. Após alguns meses praticando, aprendi a flutuar usando somente as mãos, a mergulhar sem produzir ondas na superfície da água e a fazer movimentos graciosos de ponta-cabeça embaixo d'água. Mas essas habilidades não eram a parte mais difícil. O maior desafio era estar em sincronia com meus colegas de equipe. Às vezes, havia quase trinta mulheres na piscina, todas tentando fazer a mesma coisa ao mesmo tempo. Se tentássemos nos basear no que as outras estavam fazendo, perdíamos a sincronia e ficávamos desorganizadas. Medir nossos movimentos com base em outras pessoas em movimento sempre tornava o treino um desastre e, compreensivelmente, a treinadora sempre ficava frustrada. Mas, quando todas prestavam atenção nos marcadores fixos existentes fora de nós — o ritmo da música e nosso lugar na piscina —, éramos capazes de fi-

Orando juntos

car perfeitamente alinhadas e éramos aplaudidas por nossa treinadora.

Da mesma maneira, quando oramos juntos, só podemos entrar em concordância quando orientamos nossos desejos com base em algo que existe fora de nós. O ponto de referência imóvel para orarmos juntos não é um lugar físico (os cristãos não têm uma Meca ou um templo), mas uma pessoa. Nós nos reunimos em nome de Jesus — pelo mérito dele, a convite dele e sob sua autoridade — com a certeza de sua presença. Quando permanecemos nele e meditamos em sua Palavra (Jo 15.7), levamos nossos corações a entrar em concordância com Cristo. Como nadadores em uma piscina, sincronizar nossos pedidos com Cristo nos leva a concordar uns com os outros e torna as orações que fazemos juntos aceitáveis ao Pai.

Tertuliano disse que orar em conjunto é "uma santa conspiração"[10] e realmente é isso. Com humildade e ação de graças, nós conspiramos juntos e com Cristo, a fim de nos aproximar do Pai. Até mesmo o menor grupo recebe de Cristo a promessa de comunhão: "Porque, onde estiverem dois ou três reunidos em meu nome, ali estou no meio deles" (Mt 18.20). Nós nos reunimos em seu nome, com seus irmãos, proclamando seus louvores e pedindo coisas que são agradáveis a ele. Então, pelo seu Espírito, ele estará lá também. Mesmo quando são poucas pessoas orando juntas, Jesus

---

10 Tertuliano, *Exposition on the Epistle of Jude*, 274.

está presente. E o Pai não negará os pedidos feitos em uma reunião de oração em que Cristo também está orando.

Nossas reuniões de oração têm o poder da presença de Cristo e de sua intercessão, de modo que qualquer coisa que agrada a Cristo, qualquer coisa que cumpre seu propósito, qualquer coisa que o glorifica, qualquer coisa que ele ordena ou promete ou ama, nós pedimos em uma só voz, todos juntos com Cristo, na confiante expectativa de que o Pai responderá.

Irmãos e irmãs, como podemos ficar longe uns dos outros?

Cura e Salvação

> Está alguém entre vós doente? Chame os presbíteros da igreja, e estes façam oração sobre ele, ungindo-o com óleo, em nome do Senhor. E a oração da fé salvará o enfermo, e o Senhor o levantará; e, se houver cometido pecados, ser-lhe--ão perdoados (Tg 5.14-15).

Nessa promessa, Tiago dá diretrizes para o membro da igreja que está seriamente doente, ordenando que os presbíteros da igreja orem juntos e incentivando a "oração da fé" (v. 15). Esses versos exortam os presbíteros a realizar especificamente a obra da oração, prioridade essencial dos líderes da igreja desde os apóstolos.

Orando juntos

Essa promessa também tem uma aplicação mais ampla, e Tiago logo acrescenta a exortação geral de orar "uns pelos outros" (v. 16). Se Maria e Marta, juntas, mandaram chamar o Senhor quando Lázaro adoeceu (Jo 11.1-44), é certo que nós também devemos clamar por Jesus junto aos leitos de hospital. Se nosso Senhor curou o paralítico por causa da fé de seus amigos (Mt 9.1-7), nós também podemos levar nossos irmãos e irmãs que sofrem até seus pés, por meio da oração com fé.

Mas no que depositamos nossa fé? Quando meu pai foi diagnosticado com leucemia, seu oncologista, que não era cristão, lhe disse: "Com a quimioterapia, 90% dos pacientes conseguem melhorar. Tenho confiança em que será uma boa opção para você". Esse médico tinha muita fé — em uma droga, nas pesquisas e em seu próprio julgamento. De modo semelhante, reunidos ao redor de uma pessoa enferma, alguns grupos de cristãos talvez declarem que estão convictos de que a cura certamente acontecerá e exigem em oração que Deus realize essa cura. Como escreveu certo autor *best-seller*: "Estou certo de que você está somente a uma oração de realizar um sonho, de experimentar a concretização de uma promessa ou de vivenciar um milagre".[11] Embora talvez essa expectativa pareça boa, algumas pessoas também demonstram colocar sua fé na coisa errada — no

---

[11] Mark Batterson, *The Circle Maker* (Grand Rapids, MI: Zondervan, 2011), 15.

poder da oração para obter o resultado que querem. Não é sobre esse tipo de fé que Tiago está falando.

A razão é que a fé cristã nunca é depositada nas circunstâncias. Enquanto aqueles que não são cristãos podem ter fé nas técnicas médicas e aqueles que se dizem cristãos podem ter fé na própria coragem, a verdadeira "oração de fé" expressa a fé em uma pessoa. É a fé no triúno Deus, o Criador do céu e da terra e o arquiteto de nossa salvação. É a fé no Deus Todo-Poderoso, que estabeleceu as estrelas, veste os lírios, permite a queda dos pardais e conhece cada fio de cabelo da nossa cabeça (Sl 8.2; Mt 6.28-29; 10.29-31). É a fé no Deus que, com tanta frequência, tem prazer em glorificar a si mesmo e de fazer o bem ao seu povo perdoando seus pecados, derrotando seus inimigos, curando suas enfermidades, atendendo às suas necessidades e dando-lhes motivos para se alegrar (Sl 103.2-5). É a fé no Deus "que é poderoso para fazer infinitamente mais do que tudo quanto pedimos" (Ef 3.20).

Além disso, como Douglas Moo observou, a oração de fé "também envolve confiança absoluta na perfeição da vontade de Deus".[12] Não somente oramos crendo em um Deus que pode fazer qualquer coisa: nós oramos crendo em um Deus que fará — sempre faz! — o melhor. A oração de fé nunca exige de Deus, mas se curva diante dele, aquele que opera todas as coisas para o bem daqueles que o amam (Rm

---

12 Douglas J. Moo, *The Letter of James: An Introduction and Commentary* (Grand Rapids, MI: Eerdmans, 1985), 182.

Orando juntos

8.28). É a fé no Deus que nunca recebeu nada de nós, mas que nos dá toda boa dádiva e todo dom perfeito (Rm 11.35; Tg 1.17). É a fé no Deus que, se necessário, também nos dá tribulações e sofrimento (1Pe 1.6-7; Tg 1.2-3). É a fé no Pai que não poupou seu próprio Filho e, portanto, não nos negará nada do que é melhor para nós (Rm 8.23; Sl 84.11). E é a fé no Deus que, como vimos no Capítulo 1, sempre responde às nossas orações com um "Sim" ou com um "Vou lhe dar algo melhor".

Então, em Tiago 5, o Senhor prometeu respostas temporais e também espirituais quando orarmos juntos com fé: "A oração da fé salvará o doente, e o Senhor o levantará; e, se houver cometido pecados, ser-lhe-ão perdoados" (v. 15). Em muitos casos, Deus, graciosamente, responde à oração dos presbíteros com a cura física. O filho doente de Deus pode levantar, tomar seu leito e andar. Certamente, o Senhor é capaz de curar diversos tipos de enfermidades físicas; quando Jesus estava na terra, deu visão aos cegos, fez com que os mudos passassem a falar e que os surdos passassem a ouvir. Seu poder é tão grande que ele chegou a curar dez homens em um só momento (Lc 17.11-14). Que ninguém pense que alguma doença talvez esteja além do alcance de Deus, que entreteceu nossos corpos no lugar secreto! Se a cura física for o melhor, ele usará nossas orações para operá-la.

O Senhor também promete respostas espirituais às nossas orações. A linguagem que Tiago usa para a resposta de Deus — "salvar" e "levantar" — tem um significado físico e também espiritual.[13] Com frequência, nossas orações tendem para um lado ou para o outro. Alguns cristãos parecem orar com base nos registros de um hospital. Outros só pedem bens espirituais. Tiago incentiva as duas coisas. Nós podemos orar juntos pela cura física e pelo renovo espiritual, pelo livramento de uma doença e pelo perdão dos pecados, por corpos saudáveis e pelo novo nascimento das almas. Quando oramos juntos, Deus conduz muitas pessoas que estão abatidas por causa da enfermidade ao arrependimento e à fé. E promete que seus filhos que sofrem ressuscitarão com corpos gloriosos no último dia (1Co 15.51-54). Como observou Daniel Doriani: "Mais cedo ou mais tarde, Deus vai curar todo o seu povo".[14]

Por causa desse encorajamento, não temos medo de que nossas orações talvez sejam longas demais ou que possam receber a resposta errada. Temos confiança absoluta em um Deus que promete usar as orações que fazemos com fé para realizar o melhor.

Meias e Laranjas

Acabamos de ver cinco gloriosas promessas de nosso gracioso Senhor. Mas, se nossos corações estiverem longe de Deus, é possível recebermos essas promessas como o

---

13 Daniel M. Doriani, *James, Reformed Expository Commentary*, ed. Richard D. Phillips and Philip G. Ryken (Phillipsburg, NJ: P&R, 2007), 196.

14 Ibid.

Orando juntos

menino que pensa que vai ganhar um doce, mas acorda na manhã de Natal e ganha meias e laranjas de presente. Na verdade, meias e laranjas são ótimos presentes: proteção e alimento! Calor e doçura! São presentes muito melhores do que a maior caixa de chocolates, mas podem parecer enfadonhos para uma criança que esperava outra coisa.

Do mesmo modo, as promessas de Deus para aqueles que oram juntos — a vitória espiritual, a glória de Deus, o avivamento, a comunhão, a salvação — podem parecer enfadonhas para alguém que queria um pirulito. Essas promessas grandes e significativas só atraem aqueles cujas prioridades e valores foram conformados a Cristo. E é a criança humilde, aquela que alinha seu coração com os desejos dos pais e confia que eles lhe darão o melhor, que é capaz de se alegrar ao abrir seus presentes. Nosso Pai é o pai amoroso que não promete nos dar doces, pois meias e laranjas são muito melhores. Nosso objetivo, então, é aprender a amá-las, pois é o que Deus ama. É alegremente mexer nossos dedos quentinhos com gotas de suco em nossos lábios, reconhecendo que as promessas de Deus são muito maiores do que poderíamos pedir ou imaginar.

Levemente Imperfeitas

Ao considerar essas promessas, é possível que nossas falhas em relação às orações corporativas comecem a nos deixar desesperados. Recentemente, entrei no site de uma famosa livraria cristã e vi um livro chamado *At the*

Throne of Grace: A Book of Prayers — Slightly Imperfect [No trono da graça: um livro sobre orações — levemente imperfeitas], que estava em liquidação. Ri porque eu também poderia classificar todas as minhas orações como "levemente imperfeitas". Desse lado do céu, nossas orações sempre estarão abaixo do padrão de humildade, concordância e fé que Deus ordena. Mas são aceitas e abençoadas por Deus, que é rico em graça, por causa de Cristo. Irmãos e irmãs, "Deus sempre nos recepciona de uma maneira que é melhor do que o que esperávamos".[15]

Nosso Deus é fiel às suas promessas e assegura que, em resposta às orações de seu povo reunido, ele tem prazer em curar os doentes, salvar os perdidos, abrir as portas da prisão, vivificar seu povo e, amorosamente, responder a todos os tipos de pedidos. Precisamos de um incentivo melhor?

---

15   Thomas Manton, *James, Geneva Series of Commentaries* (1693; repr. Carlisle, PA: Banner of Truth, 1998), 455.

parte 2

OS FRUTOS DE ORARMOS JUNTOS

4 AMOR

Eu tinha 19 anos quando fui à primeira reunião de oração na pequena igreja rural da Pensilvânia, que ficava perto da minha faculdade. A oitocentos quilômetros de casa, lembrando-me da reunião de oração da minha infância, fui até o subsolo da igreja em uma quarta-feira à noite, sentei sozinha e esperei a reunião começar. Sentados a uma grande mesa, dois fazendeiros e suas esposas debatiam sobre quais seriam os melhores tipos de tomates. Ao lado deles, um casal de idosos, ambos vestidos com a mesma camisa xadrez, sorria com alegria. Um homem chegou sozinho, explicando que o transtorno mental de sua esposa não permitia que ela

Orando juntos

saísse da cama. Duas mães exaustas chegaram na frente de um pastor galês de meia-idade e ele fechou a porta.

Eu quase não voltei lá. Todos que estavam presentes eram pelo menos 15 anos mais velhos que eu e alguns tinham quase 50 anos. Eles eram casados, tinham filhos e alguns tinham até netos. Enquanto eu analisava a gramática dos escritos de Chaucer e Spenser, eles aravam o solo. Enquanto eu refletia sobre questões difíceis, suas vidas eram repletas de dificuldades. Enquanto eu planejava o futuro, eles planejavam o jantar. O que poderíamos ter em comum?

Mas, pela graça de Deus, acabei voltando. Toda quarta, nós orávamos juntos. Na humilde dependência de nosso Senhor, unidos no mesmo trabalho de oração e sobrecarregados com nossas preocupações, aqueles santos e eu fomos nos tornando cada vez mais íntimos. Algumas semanas depois, já éramos amigos; alguns meses depois, éramos uma família. Embora eu tenha me formado e me mudado de lá há muito tempo, ainda oro por eles.

Nesta seção do livro, vamos considerar três frutos de orarmos juntos: o amor, o discipulado e o avivamento. Neste capítulo, nosso foco será em como o fato de orarmos juntos incita nosso amor por outros cristãos. Veremos como as orações corporativas abrem caminho para o amor mútuo, tornando-nos mais humildes e igualmente úteis. Depois, examinaremos a causa comum que nos une em oração. Por último, veremos como o amor prospera quando nos reunimos para levar as cargas uns dos outros ao Senhor. Nas palavras de um manual para reuniões de oração do século XIX, "precisamos nos familiarizar cada vez mais com os irmãos na fé e descobrir, talvez para a nossa surpresa, quanto o povo no qual Deus nos colocou é amável".[1]

De Joelhos

A igreja de meus pais tem genuflexórios sob seus bancos que servem para que a congregação se ajoelhe durante a oração.[2] Quando fui ao culto, dei-me conta de que ajoelhar é um grande nivelador. Meu marido tem 1,93m de altura, mas, de joelhos, parecia igual a todo mundo. Com a ajuda da superfície acolchoada, meus filhos pareciam mais altos do que de costume ao lado dele. Olhando para a igreja, vi pequenas vovós se endireitarem e atletas altos se curvarem. De joelhos, todos fomos nivelados.

De joelhos ou não, orar em conjunto abre o caminho para o amor mútuo ao levar todos nós à mesma posição. Paulo disse, "se há, pois, alguma exortação em Cristo, alguma consolação de amor, alguma comunhão do Espírito, se há entranhados afetos e misericórdias, completai a minha alegria, de modo que penseis a mesma coisa, tenhais o mesmo amor, sejais unidos de alma, tendo o mesmo sentimento. Nada façais por partidarismo ou vanglória, mas por

---

[1] Thomas Manton, *James, Geneva Series of Commentaries* (1693; repr. Carlisle, PA: Banner of Truth, 1998), 455.

[2] O escopo deste livro não nos permite examinar o debate significativo sobre a postura física na oração. Ao longo da História da Igreja, alguns teólogos articularam argumentos bíblicos consistentes em relação a posturas específicas, e as igrejas extraem sua prática do ensino das Escrituras.

Orando juntos

humildade, considerando cada um os outros superiores a si mesmo" (Fp 2.1-3). O orgulho é inimigo do amor. A humildade é seu melhor amigo.

Quando oramos juntos, oramos na humildade da fé. Oramos exatamente porque somos fracos, necessitados e pecadores. Nós temos somente aquilo que Thomas Manton chamou "a mão vazia da alma [...] que buscava todas as coisas em Deus".[3] Um grupo de pessoas em oração é um grupo de pessoas igualmente dependentes de Deus. E também oramos com o mesmo tipo de ajuda. O gigante espiritual mais eloquente e o novo convertido mais tímido podem orar juntos com ousadia porque Jesus ora pelos dois.

Quando oramos juntos, além de lembrarmos que somos igualmente necessitados e igualmente aceitos diante do trono, somos assegurados de que podemos ser igualmente úteis. Infelizmente, o cristianismo contemporâneo está cheio de elitismo antibíblico. Nós valorizamos os cristãos que fazem as coisas. Um acadêmico que formula grandes ideias que impactam o mundo mais do que uma criança com síndrome de Down. Um homem de 30 anos que se muda para a Ásia e salva vítimas do tráfico sexual está fazendo mais por Cristo do que uma viúva idosa em um asilo em um bairro de classe média. Nós valorizamos a especialização, a força humana e os resultados visíveis.

---

3 Thomas Manton, *James, Geneva Series of Commentaries* (1693; repr. Carlisle, PA: Banner of Truth, 1998), 455.

AMOR

Mas, com muita frequência, a Bíblia desafia nossas prioridades. Veja o relatório de Paulo para a igreja em Colosso:

> Saúda-vos Epafras, que é dentre vós, servo de Cristo Jesus, o qual se esforça sobremaneira, continuamente, por vós nas orações, para que vos conserveis perfeitos e plenamente convictos em toda a vontade de Deus. E dele dou testemunho de que muito se preocupa por vós, pelos de Laodiceia e pelos de Hierápolis (Cl 4.12-13).

Epafras estava realizando um trabalho extremamente valioso para o Senhor. Exigia esforço constante. Exigia que ele sacrificasse tempo e energia. Os santos eram encorajados e três igrejas diferentes eram ajudadas. Era muito, muito difícil. Ele estava orando na reunião de oração.

A Escritura elogia Epafras como um trabalhador na oração corporativa. A oração corporativa pode não parecer importante em nossa cultura, que só se preocupa com os resultados, mas a Bíblia assegura que há um trabalho sendo feito. Quando oramos, clamamos ao Deus que convence, que converte, que santifica, que encoraja, que fortalece e protege. Quando oramos, coisas importantes acontecem.

E todo o povo de Deus pode participar. Como John Owen escreveu: "As orações dos santos mais ínfimos po-

Orando juntos

dem ser úteis ao maior apóstolo".[4] Somos saudáveis. Somos doentes. Somos homens. Somos mulheres. Somos jovens. Somos idosos. Somos ricos, pobres e de classe média. Todos somos trabalhadores valiosos. Em 1859, na Escócia, o Senhor, graciosamente, enviou um avivamento. E, em uma comunidade, o avivamento começou por meio do trabalho de uma mulher deficiente:

> Em Burghead, uma das vilas de pescadores do Norte [...] numa reunião de oração, realizada na casa de uma mulher cristã, que há trinta anos estava presa a uma cama de aflição, a seu pedido, o foco das orações era pelo derramamento do Espírito, pelo despertar do povo de Deus e pela conversão de pecadores. Rapidamente, os pescadores negligentes foram despertados e muitos deles foram convertidos ao Senhor; enquanto toda a comunidade, com poucas exceções, foi movida, e não poucos, anteriormente fora do âmbito da igreja, vieram à frente para confessar sua fé.[5]

Por intermédio de uma mulher que estava por décadas sem sair de casa e convidou seus vizinhos para orar, o Senhor alterou o curso de uma cidade inteira.

---

[4] John Owen, citado em Edward Bickersteth, *A Treatise on Prayer: Designed to Assist in Its Devout Discharge* (Schenectady, NY: A. Van Santvoord & M. Cole, 1822), 25.

[5] J. B. Johnston, *The Prayer-Meeting and Its History, As Identified with the Life and Power of Godliness, and the Revival of Religion* (Pittsburgh: United Presbyterian Board of Publication, 1870), 267-68.

Também é importante lembrar que o trabalho não é somente de quem ora em voz alta. Enquanto uma pessoa fala, todos trabalhamos juntos em oração, acrescentando nosso "Amém" às suas palavras. Talvez uma das coisas mais amorosas que podemos fazer é orar com os santos que não são capazes de orar em voz alta. Na minha própria vida, já trabalhei verdadeiramente para o reino com pessoas que têm transtornos mentais e com pessoas que não têm a capacidade física de proferir uma oração. Certa vez, abracei uma mulher em um hospital psiquiátrico, orando em voz alta enquanto ela simplesmente acenava em concordância. Já orei com pacientes idosos portadores de Alzheimer e com pessoas que estavam prestes a morrer de câncer — pessoas que não serão capazes de orar em voz alta até chegar o dia em que louvarão a Jesus diante de sua face. Também já orei na companhia de crianças que ainda não haviam nascido com a sincera esperança de que talvez, como João Batista, elas saltem em louvor, embora não sejam capazes de falar. Quando oramos em voz alta com aqueles que não são capazes de fazer o mesmo, oramos *por* eles — compartilhando nossas palavras com eles — e oramos *com* eles — valorizando o silencioso trabalho deles da maneira como, certamente, Cristo valoriza. Juntos de joelhos, somos nivelados.

Um Bando de Irmãos

Não somente nossa posição de humildade, mas também nosso objetivo na oração — a causa de Cristo e

Orando juntos

seu reino —, nos unem em afeto mútuo. Em *Henrique V*, peça de William Shakespeare, os soldados ingleses se reuniram no dia de são Crispim e estavam em desvantagem de cinco para um antes da Batalha de Azincourt. Eles estavam sujos e exaustos, mas eram leais. Henrique os encorajou a lutar, lembrando-os de que estavam unidos em torno da mesma causa, contra o mesmo inimigo e prometendo-lhes, em recompensa, a mesma glória. Henrique proclamou que o rei e os camponeses lutariam lado a lado, e suas palavras triunfais — "Nós, estes poucos; nós, um punhado de sortudos; nós, um bando de irmãos"—[6] uniram os soldados. Da mesma maneira, quando batalhamos espiritualmente em oração, somos um bando de irmãos. Além de todos sermos úteis no trabalho, todos estamos trabalhando em prol do mesmo objetivo.

Quando oramos juntos, somos súditos leais do mesmo rei. Quando entramos em uma reunião de oração e ouvimos outras pessoas orando palavras que expressam profunda afeição por nosso Deus, instantaneamente nos encontramos entre amigos. Nossa unidade e nosso amor por outros cristãos estão tão enraizados no amor de Cristo por nós e no nosso amor por ele (Ef 3.14-19) que qualquer amigo de Jesus também é nosso amigo.

Uma de nossas prioridades na oração corporativa deve ser orar por nossa igreja local como um todo: por

---

[6] William Shakespeare, *Henry V*, *The Gilbert Shakespeare: The Works of Shakespeare*, ed. Howard Staunton (New York: George Rutledge & Sons, n.d.), 4.3.62.

sua santidade, unidade, coragem e crescimento. Se isso não acontecer, os momentos em que oramos juntos podem tornar-se uma mera lista de preocupações individuais. Para tornar isso ainda mais claro: o fato de orarmos juntos pelas necessidades individuais é algo amoroso e necessário, e ainda vamos refletir sobre isso neste capítulo. Mas, em nosso entusiasmo por situações específicas, nunca podemos deixar de orar pela causa de toda a Igreja. Este é o padrão de oração que nosso Senhor nos ensinou a orar: "Venha o teu reino; faça-se a tua vontade, assim na terra como no tt" (Mt 6.10). Orar em conjunto pelo corpo inteiro nos ajuda a não sermos parciais, nos impede de orar somente pelas pessoas que conhecemos bem ou somente por aquelas cujas necessidades são externamente óbvias para nós.[7] Quando os crentes se unem em oração pela noiva de Cristo, ninguém é preferido e ninguém é esquecido.

Depois que Pedro e João foram presos e soltos, a Igreja primitiva se reuniu para orar. Um caso específico de perseguição contra membros específicos da igreja foi o que levou os crentes a orar pela Igreja inteira: "Concede aos teus servos que anunciem com toda a intrepidez a tua palavra" (At 4.29). E a resposta do Senhor transformou a Igreja inteira: "Todos ficaram cheios do Espírito Santo e, com intrepidez, anunciavam a palavra de Deus" (v. 31). Os membros que já eram corajosos ficaram ainda mais corajosos, os

---

7   Wayne A. Mack e Dave Swavely, *Life in the Father's House: A Member's Guide to the Local Church*, rev. ed. (Phillipsburg, NJ: P&R, 2006), 214.

Orando juntos

membros que eram tímidos descobriram a coragem e todos foram lembrados diante do Senhor. Quando oramos pela Igreja inteira, nós nos unimos em torno de uma causa em comum, em prol do bem comum.

Então, por causa do amor que temos uns pelos outros, nós nos enchemos de amor por aqueles que não fazem parte de nosso grupo de oração. Primeiro, transformamos nosso amor mútuo em oração pela Igreja de outros lugares, o que acaba fazendo com que nosso amor por ela aumente.[8] Paulo escreveu para uma congregação distante: "Ajudando-nos também vós, com as vossas orações a nosso favor" (2Co 1.11). Orarmos juntos pelos santos em outros lugares nos faz lembrar que Deus não está trabalhando somente em nossa comunidade ou em nossa igreja. Deus está trabalhando em todo lugar em que seu povo se reúne. Essa verdade encoraja e gera humildade. Deus é evidente em nosso meio? Ele também está trabalhando em outro lugar ao mesmo tempo. Nós não temos o monopólio do poder do evangelho. Deus parece distante de nosso corpo local? Mas ele está, até agora, avançando a causa de seu nome em outros lugares — entre outras pessoas que estão unidas a nós por intermédio de Cristo.

Quando um de meus filhos tinha mais ou menos 5 anos, passou um tempo orando todas as noites em nosso

---

[8] A oração corporativa também nos conecta com a Igreja de todas as épocas. As orações dos santos do passado podem ainda ter resposta nas igrejas de hoje, e nossas súplicas podem encontrar cumprimento na geração que ainda não nasceu.

culto familiar pelos "cristãos na Bósnia e Herzegovina". Eu não sei por que esse país chamou a atenção dele — suspeito que foi porque seu nome parecia um trava-língua —, mas toda noite ele sempre fazia menção àqueles cristãos diante do trono de Deus e nossos corações ficaram cada vez mais interessados neles. Atualmente, não consigo olhar para um mapa ou ouvir uma notícia daquela região sem orar pela igreja de lá. No céu, quero estar presente quando meu filho for se encontrar com os santos da Bósnia e Herzegovina para ouvi-los contar as coisas que foram realizadas por meio de sua oração. Somos participantes da obra de Deus em todo o mundo quando obedecemos ao seu mandamento de oração em conjunto por todos os santos em todos os lugares (Ef 6.18; 1Tm 2.1).

Em segundo lugar, passamos a amar até os nossos inimigos. Evidentemente, Satanás e seus demônios são nossos inimigos espirituais, mas nós também temos inimigos de carne e sangue neste mundo. Os cristãos não saem por aí à procura de inimigos; até onde depende de nós, buscamos viver em paz com todos os homens (Rm 12.18). Portanto, nossos inimigos não são oponentes pessoais. Nossos inimigos são aqueles que "se levantam [...] contra o SENHOR e contra o seu Ungido" (Sl 2.2). Nossos inimigos são aqueles que ridicularizam, atacam, machucam ou matam o povo de Deus por causa de Cristo. E aquele que se levanta contra o Senhor se levanta contra todos nós.

Orando juntos

Esse cenário — as pessoas se unindo contra um inimigo comum — pode parecer familiar. Em nossos dias, em nome de Alá e do islamismo, alguns religiosos frequentemente se unem contra quem acreditam ser seus inimigos. Em nome da solidariedade, praticam violência. Mas Cristo prescreve algo muito mais radical aos seus seguidores: "Amai os vossos inimigos e orai pelos que vos perseguem" (Mt 5.44). Nós amamos outros cristãos em oração e amamos até os nossos inimigos. Por quê? Porque sabemos, por experiência pessoal, que Deus tem prazer em transformar seus inimigos em seus amigos. Nós mesmos éramos seus inimigos e agora somos seus amados. Então, reunimo-nos para orar juntos por nossos inimigos — por aqueles que se opõem ao nome de Cristo e por todos os que pertencem a ele —, não primariamente para que se envergonhem, mas para que sejam reconciliados com nosso Deus. Isso é dito explicitamente em 1Tm 2.1-4, quando Deus ordena que oremos por "todos os homens", até mesmo por aqueles que são notoriamente antagônicos, "os reis e todos os que se acham investidos de autoridade", porque ele "deseja que todos os homens sejam salvos" (vv. 1, 2, 4).[9] Oramos para que nossos inimigos tenham o mesmo amor que nós temos.

Em um período de avivamento na Alemanha, em 1860, o Senhor derramou seu Espírito no Orfanato de Elberfeld. Um grupo de sete meninos começou a orar em

---

9 Alistair Begg, "Public Prayer: Its Importance and Scope (Parte 1 de 2)", Message 1956, *Household of Faith*, v. 1 (MP3 podcast), *Truth for Life*, 17 fev. 2015.

conjunto todas as noites na cozinha do orfanato. Alguns se juntaram a eles, mas outros começaram a perseguir o grupo ativamente. Um brigão de 14 anos chegou a declarar seu desprezo em voz alta: "Mesmo que todos eles se convertam, eu não vou me converter" — e foi dormir cedo, dizendo aos outros escarnecedores: "Enquanto os outros fazem todo esse barulho com suas orações, nós dormiremos no silêncio!". Mas, graças à bondade do Senhor, o brigão não conseguiu dormir. Ele se levantou da cama e foi até a cozinha. Ele estava na porta quando ouviu os outros meninos orando ternamente por sua salvação. Naquela noite, o Senhor usou a amorosa oração que aqueles meninos fizeram juntos para transformar aquele escarnecedor em um amigo de Deus. Na noite seguinte, os meninos viram seu antigo inimigo se unir a eles na reunião de oração e conduzir o grupo.[10]

Nós somos um bando de irmãos. Unidos em amor por nosso Salvador comum, unidos nessa causa comum de oração tanto por nossos amigos como por nossos inimigos, criamos afeto e nossos corações são aquecidos uns pelos outros.

Face a Face

Em seu livro *Disciplinas espirituais*, Donald Whitney chama a atenção para uma contradição comum na vida de alguns cristãos: "Há muitos que são ligeiros para *pedir* ora-

---

10 Johnston, *Prayer Meeting*, 282-87.

Orando juntos

ção para as pessoas na igreja e até oram por outras pessoas, mas não se comprometem a orar *com* os irmãos e as irmãs".[11] Whitney escreveu essas palavras há dez anos e eu acho que hoje são ainda mais precisas. Os aplicativos de mensagens de texto e as redes sociais tornam mais fácil pedir que as pessoas orem por nós, ao mesmo tempo que, convenientemente, nos distanciam da obrigação de orar em grupo.

Orarem conjunto exige abnegação. Na oração corporativa, abrimos mão de nossas prioridades pessoais — dando menos ênfase à nossa lista de pedidos e priorizando na oração as necessidades de outras pessoas e do grupo como um todo. Além disso, abrimos mão de nosso conforto — estando presentes em determinado lugar com pessoas reais.

Mas esse é o caminho do amor. É natural que familiares, amigos e pessoas que se amam queiram fazer as coisas juntos, ver o rosto do outro e responder às emoções do outro em tempo real. Como foi dito por um memorável escritor antigo: "Os dedos em uma mitene esquentam um ao outro; enquanto a separação dos dedos em uma luva comum faz com que os dedos esfriem".[12] Considere como a tristeza de Davi foi agravada pela distância: "Os meus amigos e companheiros afastam-se da minha praga, e os meus parentes ficam de longe" (Sl 38.11). Compare esses "amigos" ao apóstolo Paulo. Em pelo menos sete ocasiões

---

11 Donald S. Whitney, *Disciplinas espirituais*. São Paulo: Editora Batista Regular, 2009.

12 Thompson, *Prayer Meeting*, 231.

em suas várias epístolas,[13] ele expressou seu desejo de se encontrar pessoalmente com os santos que estavam longe e, com intensa emoção, ele repetidamente ordenou que aqueles que tinham o privilégio de se encontrar deveriam usufruir esse privilégio: encontrar-se, sorrir e saudar uns aos outros com ósculo santo.[14] Paulo orava muito por eles, mas também queria estar com eles.

Estar junto é tão importante que, quando oramos com outras pessoas, o próprio Jesus promete que estará em nosso meio orando conosco (Mt 18.20). Quando estamos juntos, podemos ver as alegrias, as tristezas e as necessidades estampadas nas faces e sobre os ombros de nossos irmãos e irmãs. Podemos sentir o que está em suas vozes e na pressão de seus apertos de mão. Quando estamos juntos, as pessoas também podem perceber o mesmo em nós. A oração pode ser uma força invisível nos lugares celestiais, mas, quando oramos juntos, há uma dimensão tangível e o amor é abundante.

Levando nossos Fardos
Unidos nessa tarefa, lado a lado diante do trono da graça, cumpriremos os mandamentos do Senhor de nos envolver com as preocupações de nossos irmãos e irmãs:

---

13 Rm 1.9-15; 15.23-24; 1Co 16.7; Fp 2.23-24; 1Ts 2.17, 3.10; 2Tm 1.4; cf. 3Jo 14.
14 Rm 16.16; 1Co 16.20; 2Co 13.12; 1Ts 5.26; cf. 1Pe 5.14.

Orando juntos

"Alegrai-vos com os que se alegram e chorai com os que choram" (Rm 12.15) e "Levai as cargas uns dos outros" (Gl 6.2). Olhe ao seu redor, diz o Senhor. Seu irmão está alegre? Você deve dar graças com ele. Sua irmã está triste? Lamente-se com ela. Alguém tem uma necessidade? Você também deve preocupar-se com isso. Há muito mais do que sinal de compaixão, um cartão ou alguns balões de festa. Quando oramos juntos, reunimo-nos aos louvores, aos lamentos e às súplicas de nosso próximo, levando seus fardos para o trono, ajudando-o a buscar o Senhor.

Irmãos e irmãs, quando oramos juntos, amamos uns aos outros.

Em primeiro lugar, nossas experiências comuns são uma oportunidade para o amor mútuo, e ouvir as orações de amigos solidários nos traz conforto. Cristo nos conforta da mesma maneira porque ora por nós. Aquele que intercede por nós pode compadecer-se de nós porque ele também foi tentado, traído, sentiu fome, cansaço, foi mal compreendido e falsamente acusado (cf. Hb 4.15). Nosso Senhor também foi fraco, limitado pelo espaço e pelo tempo, teve de pagar impostos e foi sujeito à morte. Ele também pode regozijar-se conosco porque, igualmente, tem o sopro da vida, o amor dos amigos e a ajuda do Espírito. Ele tem uma noiva, filhos e um lar. As orações que Jesus faz por nós e junto de nós são infinitamente amorosas porque ele compreende.

Meu marido e eu perdemos nosso primeiro filho por um aborto espontâneo em uma tarde de quarta-feira. Naquela noite, sentimos o amor de Cristo na reunião de oração da igreja. Um a um, os santos gentilmente nos conduziram ao trono, santos que já haviam experimentado o aborto espontâneo, a infertilidade ou a morte de um filho. Eles lamentaram perante o Senhor, clamando a ele como companheiros no sofrimento, amigos que conheciam intimamente nossas tristezas, e suas orações testificavam que eles mesmos tinham experiência com a graça de Deus. Quando, um ano depois, o Senhor nos deu um filho, os santos voltaram a orar, mas dessa vez foi uma celebração — todos que tinham um filho ou um sobrinho, todos que ensinavam na escola ou que eram voluntários no berçário, todos que já haviam feito cócegas nos pezinhos de um bebê, compreendiam nossa alegria e participaram dela por meio da oração.

Mas talvez os cristãos sintam o amor de Cristo no corpo ainda mais quando ouvem outros santos orando fervorosamente por coisas que nunca experimentaram. Sentados em um sofá confortável, diante de uma lareira, "lembrai-vos dos encarcerados, como se presos com eles; dos que sofrem maus-tratos, como se, com efeito, vós mesmos em pessoa fôsseis os maltratados" (Hb 13.3). Quando nossos irmãos e irmãs são presos por causa da perseguição ou quando se encontram aprisionados pela tristeza, pelo pecado, pela enfermidade, pelas necessidades materiais e a esperança é adiada, nós oramos como se estivéssemos acorrentados com eles. Membros saudáveis oram pelos doentes, membros ricos oram pelos necessitados e

Orando juntos

membros maduros oram pelos imaturos "como sendo-o vós mesmos também no corpo".

Nós também somos participantes das bênçãos dos outros. Nós nos alegramos juntos em oração e derrotamos a cobiça por meio de" uma disposição caridosa da alma para com o nosso próximo, de modo que todos os nossos desejos e afetos relativos a ele se inclinem para todo o seu bem e promovam o mesmo".[15] Nosso irmão está se alegrando? Nós não somente celebramos com ele, como também *promovemos* todo o seu bem — pedindo que ele tenha algo ainda melhor. Membros doentes oram pelos saudáveis, membros necessitados oram pelos ricos e os membros imaturos oram pelos maduros, "como sendo-o vós mesmos também no corpo".

Lembro-me claramente de uma noite quente no mês de julho em que me sentei em uma reunião de oração e escutei uma mãe de três crianças, divorciada e sozinha, orar pelo casamento dos noivos da igreja. Ela, gentilmente, os apresentou ao Senhor em oração, pedindo bênçãos por eles que ela mesma não havia experimentado: alegria, fidelidade e bondade. Ela orou a Deus por esses jovens brilhantes e ingênuos, e pediu que a felicidade deles fosse multiplicada. Isso é amor.

---

15 Westminster Larger Catechism, *The Confession of Faith Together with the Larger Catechism and the Shorter Catechism with Scripture Proofs*, 3rd ed. (Lawrenceville, GA: Christian Education & Publications, 1990), Q&A 147.

Como esposa de um pastor, às vezes ouço as pessoas lamentando-se por sua experiência na igreja local: "Eu não tenho amigos", "Eu acho que as pessoas não me conhecem", "Eu não me sinto conectado" ou "Eu não me sinto amado". Minha sugestão é simples. Eu digo: "Por favor, venha à reunião de oração da igreja". Eu digo: "Venha na terça orar comigo e com a Carol". Eu digo: "Venha jantar e participar do culto familiar em nossa casa". Eu digo: "Se você vier, vai encontrar pessoas para amar e trabalho que precisa ser feito".

Irmãos e irmãs, nós precisamos uns dos outros. Precisamos trabalhar juntos, conhecer e ser conhecidos, amar uns aos outros por meio da oração. Por favor, venha.

Ciclo de Amor

Já vimos que, quando oramos juntos, geramos amor. Por meio da humildade e do trabalho duro, unidos por uma causa em comum, ao investirmos nas alegrias e nas tristezas de outras pessoas, crescemos em nosso amor uns pelos outros. Mas a Escritura também nos ensina que o amor nos leva a orarmos juntos. Ouça a oração de Paulo pela igreja: "Ora, o Deus da paciência e da consolação vos conceda o mesmo sentir de uns para com os outros, segundo Cristo Jesus, para que concordemente e a uma voz glorifiqueis ao Deus e Pai de nosso Senhor Jesus Cristo" (Rm 15.5-6). Em um ciclo glorioso, quando amamos uns aos outros, cultivamos uma voz harmônica que nos leva a um regozijo ainda maior por orarmos juntos.

5 DISCIPULADO

Provavelmente, você aprendeu a orar orando com outra pessoa. Talvez suas orações ainda sejam moldadas pelas palavras de gratidão e súplica de seu pai ou de sua mãe na hora da refeição ou na hora de dormir. Talvez seus olhos tenham sido abertos para a prioridade de se alegrar em Deus, por meio da oração, por causa da oração fervorosa de um pastor no púlpito. Talvez um amigo tenha ajudado você a orar — frase por frase — em sua primeira oração de arrependimento e fé, no início de sua nova vida como cristão. Orar em conjunto é a escola da oração.

Ainda que você não tenha percebido, esses santos em oração lhe ensinaram mais do que um método para orar.

Orando juntos

Ao orar com você, eles demonstraram como a fé deve ser e, assim, fizeram sua fé aumentar. Até nos momentos mais breves de invocar o nome do Senhor, eles fazem você lembrar quem é Deus e quem você é diante dele. Ao incentivá-lo a orar, eles ajudam você a superar a dúvida, a suportar a tentação e a rejeitar a apostasia. De cabeça baixa e olhos fechados, eles mostram o que significa ser cristão.

No último capítulo, vimos quanto crescemos em amor pelas pessoas quando oramos com elas. Neste capítulo, veremos como orarem conjunto é uma atitude amorosa de discipulado cristão. A Bíblia — a Palavra autoritativa, infalível, inerrante e inspirada de Deus — é nossa única regra para uma vida de piedade. O discipulado nunca acontece à parte da Escritura, mas é sua valiosa aplicação. Enquanto vemos e aprendemos, nossos irmãos e irmãs em Cristo aplicam o conteúdo e as instruções da Palavra de Deus nos cenários concretos e específicos da vida. Nas palavras de um autor do século XIX: "Não pode haver um ofício mais fraternal do que ajudar uns aos outros em nossas orações e estimular nossa devoção mútua".[1]

Durante toda a minha infância, meu pai orava todas as manhãs na sala de estar. Para vê-lo, bastava que eu e meu irmão acordássemos cedo e descêssemos a escada devagar: óculos deixados de lado, ombros curvados, cabeça baixa, de joelhos ao lado do sofá. Era uma visão inspiradora. Nas

---

1 Edward Bickersteth, *A Treatise on Prayer: Designed to Assist in Its Devout Discharge* (Schenectady, NY: A. Van Santvoord & M. Cole, 1822), 166.

horas silenciosas e solitárias, antes de qualquer outra pessoa no mundo acordar, nosso pai estava fazendo algo sagrado.

Nós aprendemos uma valiosa lição com aqueles vislumbres ocasionais, antes do nascer do sol, de um homem piedoso em sua oração particular diária. Aprendemos que a oração é importante. Mas era quando nosso pai orava *conosco* — na hora de dormir, na hora das refeições, no culto familiar e na igreja — que nós aprendíamos mais. Quando ele orava conosco, suas orações não eram um ritual silencioso e aparentemente misterioso; era uma comunicação genuína que fazia parte de um relacionamento genuíno. Quando todos orávamos juntos, nós mesmos éramos capazes de ouvir a evidência: nosso pai realmente conhecia Deus.

Como David Clarkson escreveu: "No culto privado, você beneficia a si mesmo, mas, no culto público, você beneficia a si mesmo e outras pessoas".[2] Quando oramos juntos, discipulamos uns aos outros: fortalecemos a fé, damos testemunho de nossas experiências com Deus, moldamos o arrependimento e os desejos, estimulamos a gratidão e encorajamos uns aos outros na prática da piedade. Em todas essas coisas, também ajudamos uns aos outros a resistir a várias tentações.

Irmãos e irmãs, a oração corporativa é uma escola para toda a vida cristã.

---

2   David Clarkson, "Public Worship to Be Preferred Before Private", *The Practical Works of David Clarkson*, v. 3 (Edinburgh: James Nichol, 1865), 192.

Orando juntos

Treinamento de Fé

A primeira lição que aprendemos quando oramos com outras pessoas não é sobre nós mesmos ou sobre nossas orações. É sobre Deus. E o elemento mais básico dessa lição é a fé — a fé de que o Deus triúno é um Deus que ama ouvir as orações e os louvores de seu povo. Este é o ponto crucial da verdadeira oração segundo o autor de Hebreus: "De fato, sem fé, é impossível agradar a Deus, porquanto é necessário que aquele que se aproxima de Deus creia que ele existe e que se torna galardoador dos que o buscam" (Hb 11.6). A oração é essencialmente um ato invisível de fé em um Deus invisível, e orar com outras pessoas fortalece nossa própria fé e silencia as dúvidas que tanto nos incomodam.

No túmulo de Lázaro, o próprio Jesus orou com confiança no Pai que ouve: "E Jesus, levantando os olhos para o céu, disse: Pai, graças te dou porque me ouviste" (Jo 11.41). Por que ele orou assim? Em parte, para fortalecer a fé das pessoas. Ele prosseguiu dizendo: "Aliás, eu sabia que sempre me ouves, mas assim falei por causa da multidão presente, para que creiam que tu me enviaste" (v. 42). Jesus queria que sua oração fosse um instrumento de discipulado na vida das pessoas. Ele queria aumentar a fé delas.

Nós certamente aprendemos essa lição sobre a fé com cristãos mais maduros, porém até o primeiro clamor atrapalhado de um cristão que acabou de nascer de novo é capaz de treinar nossos corações a confiar mais em Deus. Se alguém tem fé verdadeira, independentemente de suas

DISCIPULADO

habilidades, pode ser útil nas orações públicas, porque o simples ato de orar proclama a importância da fé. Como escreveu Isaac Watts: "Ao expressar as alegrias de nossa fé em Deus, é possível que, pelo poder do Espírito Santo, sejamos frequentemente usados como instrumentos para aumentar a fé e a alegria de outras pessoas".[3] Ouvir as orações de outras pessoas é uma oportunidade de discipulado para todos nós.

Na década de 1740, um pastor escocês fez o seguinte relatório sobre as crianças de sua comunidade:

> Também há uma reunião entre as crianças no prédio da escola depois dos exercícios vespertinos, quando, então, elas passam algumas horas orando pela própria edificação e, em alguns casos, isso gera arrependimento em quem está na porta ou na janela ouvindo [...] Como é prazeroso ver os humildes cordeirinhos falando com Deus em oração! Em algumas ocasiões, fiquei ouvindo do lado de fora e me derreti em lágrimas.[4]

Você consegue imaginar? As crianças orando, seus pais e professores com os ouvidos na porta, tendo de enxugar as lágrimas dos olhos. É improvável que essas crianças tivessem uma grande capacidade de orar no sentido de ser

---

3   Isaac Watts, citado em Bickersteth, *Treatise on Prayer*, 168.

4   J. B. Johnston, *The Prayer-Meeting and Its History, As Identified with the Life and Power of Godliness, and the Revival of Religion* (Pittsburgh: United Presbyterian Board of Publication, 1870), 166.

Orando juntos

especialmente eloquentes ou instruídas sobre doutrinas. Mas suas palavras de fé em um Deus invisível e a confiança em sua disposição relacional de ouvi-los eram capazes de mover até mesmo os adultos ao arrependimento pelo pecado e ao crescimento na fé.

Quando oramos juntos, formamos uma nuvem de testemunhas, verdadeiramente comunicando-nos com Deus e dando testemunho da verdade daquilo em que cremos. Isso nos protege do perigo da dúvida. Quando clamamos juntos ao "Pai nosso que está no céu" (Mt 6.9), proclamamos nossa confiança em sua existência e em sua promessa de nos ouvir. Em um mundo que zomba da noção de Deus ou que reduz Deus a algo menor do que ele realmente é, precisamos urgentemente da fé pública de nossos irmãos e irmãs em Cristo. E, se nos sentirmos tentados a abandonar Cristo completamente, a nuvem de testemunhas nos faz lembrar da fé que professamos em oração.

Sozinho, posso sentir-me tentado a pensar que minhas orações não passam do teto. Mas, na companhia dos santos, entre aqueles que exalam a fé genuína em suas orações, minha própria fé é fortalecida. Sou estimulado a direcionar meu olhar para meu gracioso Deus, e não para mim mesmo, e, nas preciosas palavras do Catecismo de Heidelberg, sou lembrado de que "é mais certo e verdadeiro que

DISCIPULADO

Deus ouviu a minha oração do que o sentimento que tenho em meu coração de desejar isso dele".[5]

Treinamento em Teologia (O Conhecimento de Deus)

A oração, como vimos no Capítulo 1, é uma atividade baseada em um relacionamento. Como cristãos, nossa teologia (o conhecimento de Deus) não é um mero quebra-cabeça. Com frequência, os puritanos falavam sobre a "religião experimental", que significa que cada crente experimenta a verdadeira comunhão com Deus em sua alma. O cristianismo é doutrinariamente rico, e essa doutrina é expressa no relacionamento. Então, quando oramos com outras pessoas, contemplamos relacionamentos verdadeiros e contínuos com Deus. "Vinde, ouvi, todos vós que temeis a Deus", escreveu Davi no Salmo 66, "e vos contarei o que tem ele feito por minha alma" (v. 16).

Quando oramos com outras pessoas, somos discipulados no evangelho. Durante a minha infância (e até hoje), quando meu pai orava comigo, ele orava ao Deus que escuta, em nome do Filho, com a ajuda do Espírito, que habita em nós. Ele orava como um pecador que tinha sido salvo pela graça por meio da fé. Ele orava como alguém que no passado, deliberadamente, ignorava Deus, mas que agora conhecia e amava seu Criador, Redentor e Senhor.

---

5 Heidelberg Catechism, *Ecumenical Creeds and Reformed Confessions* (Grand Rapids, MI: CRC, 1988), Q&A 129.

Orando juntos

Nas orações de meu pai, o gracioso caráter de Deus foi revelado a mim.

Quando Maria recebeu a bênção de se tornar mãe de Jesus, respondeu com adoração (Lc 1.46-55). Ela engrandeceu a Deus (v. 46), alegrou-se com sua bondade (v. 47), deleitou-se com o Deus que a abençoou (vv. 48-49) e louvou a Deus por ser aquele que exalta os humildes e abate os soberbos (vv. 51-53). Seu conhecimento de Deus era íntimo e pessoal e, ao mesmo tempo, doutrinariamente rico. Como Maria sabia sobre Deus? Ela aprendeu, pelo menos em parte, com a oração de outra pessoa. Centenas de anos antes de Maria conceber o Filho de Deus, o Senhor abriu o ventre de outra mulher piedosa — Ana —, e ela também respondeu à bênção de Deus com uma oração pública (1Sm 2.1-10). A oração de Ana — deleitando-se na bênção de Deus (v. 1) e saboreando sua misericórdia, graça e bondade pelos humildes (vv. 4-8) — certamente foi a escola de teologia de Maria. Por causa da oração de Ana, quando Maria foi abençoada de maneira semelhante, ela sabia exatamente que tipo de Deus a abençoara.

Quando oramos juntos, isso nos ensina a conhecer nosso Deus. E a natureza pessoal e experimental dessas orações nos afasta da frieza espiritual. Ouvir as orações de Ana e de Maria, de nossos pais e do homem e da mulher no banco da frente nos mostra que, todos os dias, nosso Deus trabalha intimamente na vida de seus santos, revelando sua graça em nossa salvação, condescendendo em se relacionar com os pequenos e humildes. Na comunhão do povo de Deus reunido para orar, com cada pessoa deleitando-se em Deus, seu Salvador, nossos corações são estimulados a amá-lo ainda mais.

    Samuel Miller relatou a história de um ministro que orou durante um culto com "persistência e emoção". Depois, uma mulher parou na saída e comentou: "Aquele homem ora como se morasse no Trono da Graça".[6] Eu suspeito que muitos de nós não sabem que é possível morar no Trono da Graça até orar com alguém que mora lá. É nesse momento que descobrimos que também queremos nos mudar para lá.

Treinamento em Arrependimento

    Na abertura de suas *Institutas*, João Calvino escreveu: "Quase toda suma de nossa sabedoria, que deve ser considerada a sabedoria verdadeira e sólida, compõe-se de duas partes: o conhecimento de Deus e o conhecimento de nós mesmos".[7] O conhecimento de Deus e o conhecimento de si mesmo são inseparáveis. Meditar na santidade de Deus revela as profundezas de nosso pecado; ver o nosso pecado expõe a necessidade que temos de um Salvador. O conhecimento de Deus nos ensina, como nos mostrou Isaías, que precisamos de uma brasa viva do altar (Is 6.5). Assim, em oração, avançamos do conhecimento de Deus para o

---

[6] Samuel Miller, *Thoughts on Public Prayer* (1849; repr. Harrisonburg, VA: Sprinkle, 1985), 264.

[7] Calvino, João. *Institutas da Religião Cristã*. São José dos Campos: Editora Fiel, 2018.

Orando juntos

arrependimento por nossos pecados e, em nosso arrependimento, nós também discipulamos uns aos outros.

Quando oramos juntos, praticamos três tipos de confissão e arrependimento. Primeiro, confessamos os pecados coletivos coletivamente. Ou seja, confessamos juntos os pecados coletivos de nosso corpo local de crentes ou da Igreja de forma mais ampla. Encontramos um exemplo disso em Esdras 9-10: "Todos os que tremiam das palavras do Deus de Israel" (9.4) se reuniram para confessar o pecado do povo do pacto que se casou com mulheres pagãs. Nem todo israelita era individualmente culpado desse pecado, mas os piedosos reconheceram a ligação com aqueles que eram e confessaram esse pecado porque faziam parte da mesma comunidade pactual. Em nossos dias, podemos confessar a falta de união em nossa igreja local, a negligência à proclamação do evangelho em muitos âmbitos das igrejas de nossa nação, os pecados do orgulho, do racismo e da apatia espiritual na Igreja do mundo inteiro.

Em segundo lugar, confessamos pecados individuais coletivamente. Ou seja, confessamos juntos categorias de pecados que cada um de nós cometeu de alguma maneira. Isso foi o que os israelitas fizeram no tempo de Josias (2Cr 34.8-33): a lei era lida em voz alta, todos se humilhavam e faziam aliança para seguir o Senhor "de todo o coração e de toda a alma" (v. 31). Em nossas igrejas, podemos ler os Dez Mandamentos (Êx 20.1-17) e, juntos, confessar que quebramos a lei em nossas próprias vidas.

Por fim, confessamos pecados individuais individualmente. Ou seja, um só indivíduo confessa diante do grupo a maneira específica como ele quebrou a lei de Deus. É o que encontramos no livro de Tiago: "Confessai, pois, os vossos pecados uns aos outros e orai uns pelos outros, para serdes curados. Muito pode, por sua eficácia, a súplica do justo" (Tg 5.16). Embora esse mandamento possa lembrar uma sessão de terapia em grupo — com cada membro revelando suas lutas pessoais —, é provável que a intenção de Tiago não fosse essa. O que esse verso exige é que confessemos uns aos outros os pecados que cometemos uns contra os outros e que oremos juntos por perdão e reconciliação.[8] Como Zaqueu, que se arrependeu de sua fraude e prometeu devolver os despojos de seu pecado aos verdadeiros proprietários (Lc 19.8), publicamente confessamos a maneira como trapaceamos e prejudicamos aqueles com quem oramos.

Em janeiro de 1907, na região que agora é a Coreia do Norte, um grupo de 1.500 cristãos se reuniu para pregar e orar. Enquanto eles oravam uns pelos outros, foram convencidos pelo Espírito de pecados que haviam cometido uns contra os outros e sentiram o desejo de confessá-los. Então, cristãos que estavam distantes uns dos outros ajoelharam-se lado a lado e oraram juntos por reconcilia-

---

[8] Daniel M. Doriani, *James, Reformed Expository Commentary*, ed. Richard D. Phillips and Philip G. Ryken (Phillipsburg, NJ: P&R, 2007), 200. Ver também Thomas Manton, *James, Geneva Series of Commentaries* (1693; repr. Carlisle, PA: Banner of Truth, 1998), 459.

Orando juntos

ção. Quando eles voltaram para suas casas em Pyongyang, levaram o arrependimento consigo. "Em toda a cidade, os homens iam de casa em casa, confessando seus pecados às pessoas que eles tinham prejudicado, devolvendo bens e dinheiro roubados, não somente aos cristãos, mas também aos pagãos, até que a cidade inteira estava em alvoroço".[9]

Quando oramos juntos, podemos promover o arrependimento. Durante a oração em família, um pai pode confessar sua dureza com os filhos (Ef 6.4). Durante uma reunião de oração da igreja, um membro pode confessar sua ausência dos cultos, algo que desencoraja o corpo (Hb 10.25). Cônjuges confessam palavras cruéis, colegas de trabalho confessam práticas antiéticas e presbíteros da igreja confessam que deixaram de se submeter uns aos outros. Após ouvir as confissões das pessoas em oração, unimo-nos a elas para orar por elas — e por nós mesmos —, para que sejamos restaurados à comunhão com o Deus santo e com nosso próximo.

Quando confessamos juntos, disciplulamos uns aos outros — expondo os pecados que devemos confessar, servindo de exemplo de como o arrependimento deve ser e apontando para Cristo, a única esperança dos pecadores. Além disso, confessar em conjunto é um antídoto para o orgulho. Talvez o principal perigo de orar em conjunto seja o orgulho — em nossa suposta justiça (Lc 18.9), na beleza

---

[9] Erroll Hulse, *Give Him No Rest: A Call to Prayer for Revival* (Webster, NY: Evangelical Press, 2006), 142.

de nossa linguagem (Mt 6.7) e em nossa demonstração de piedade (Mt 6.5) — e reconhecer o nosso pecado é uma cura dada por Deus. Não há espaço para orgulho quando ecoamos a oração do coletor de impostos: "Ó Deus, sê propício a mim, pecador!" (Lc 18.13).

Treinamento dos Desejos
Quando Carol me chamou para orar pela primeira vez, eu não fazia ideia de que seria tão impactada. Dizem que a melhor maneira de aprender uma língua estrangeira é pela imersão — mude-se para algum lugar e escute as pessoas falando a própria língua nas situações comuns da vida. Desde aquela primeira manhã de terça, os anos orando com Carol se tornaram uma espécie de imersão para mim, não somente no idioma da alma, mas na própria vida da alma. Carol nunca me instruiu dizendo: "Deseje isso. Peça aquilo". Em verdade, ela fazia orações cheias de Escritura e centradas em Deus, pedindo a Deus as coisas que ele havia prometido. Imersa em oração com ela, meus próprios desejos foram naturalmente moldados pelas coisas que ela queria.

A cultura contemporânea rejeita a ideia de que nossos desejos podem ser treinados. No mundo moderno, os desejos e as aspirações sexuais, relacionais e profissionais são sacrossantos. Ninguém pode me dizer o que devo querer. Nossos desejos são vistos como altamente pessoais. O que é desejável para mim não é necessariamente desejável para outra pessoa. Mas a Bíblia apresenta um quadro

Orando juntos

completamente diferente: Deus diz o que devemos querer, convida-nos a pedir e promete responder.

Se a oração é "um santo oferecimento de nossos desejos a Deus, por coisas em conformidade com a sua vontade",[10] segue-se que há uma correlação necessária entre o que Deus quer, o que nós queremos e o que nós pedimos. Nossos desejos podem — precisam ser — treinados pelos desejos de Deus. Como diz a famosa frase de Jonathan Edwards: "Sem dúvida alguma, aquilo que Deus constitui copiosamente como objeto de suas promessas, o povo de Deus deveria constituir abundantemente como objeto de suas orações".[11] O que Deus prometeu fazer, devemos nos unir para pedir que ele faça.

Temos um belo exemplo disso no livro de Atos. Em sua ascensão ao céu, Jesus prometeu aos seus discípulos: "mas recebereis poder, ao descer sobre vós o Espírito Santo, e sereis minhas testemunhas tanto em Jerusalém como em toda a Judeia e Samaria e até aos confins da terra" (At 1.8). Esta é a vontade de Deus: enviar o Espírito Santo e fazer da Igreja sua testemunha no mundo. Então, os discípulos passaram a desejar o mesmo, encorajando uns aos outros

---

10 Westminster Larger Catechism, *The Confession of Faith Together with the Larger Catechism and the Shorter Catechism with Scripture Proofs*, 3rd ed. (Lawrenceville, GA: Christian Education & Publications, 1990), Q&A 98.

11 Jonathan Edwards, *An Humble Attempt*, *The Works of Jonathan Edwards*, v. 5, *Apocalyptic Writings*, ed. Stephen J. Stein, *WJE Online*, acesso em 26 dez. 2014. Disponível em http://edwards.yale.edu/archive?path=aH-R0cDovL2Vkd2FyZHMueWFsZS5lZHUvY2dpLWJpbi9uZXdwaGlsby9nZXRvYmplY3QucGw/Yy40OjUud-2plbw==. Como recurso adicional, ver Samuel Clarke, *The Promises of Scripture, Arranged under Their Proper Heads* (Liverpool, UK: Thomas Johnson, 1841).

nas mesmas petições. "Todos estes perseveravam unânimes em oração" pela vinda do Espírito Santo (v. 14). Posteriormente, eles, "unânimes, levantaram a voz a Deus" (4:24), pedindo coragem para proclamar o evangelho. O que Deus prometeu, eles desejaram.

    Assim, orar com outras pessoas molda nossos desejos. A sós, talvez eu seja inclinada a pedir com base no meu próprio desejo: uma casa nova, uma vida confortável, um dia de sol. Na companhia do povo de Deus, contudo, com todos clamando unânimes pelas coisas que Deus prometeu, eu sou treinada pelos desejos de Deus. Isso nos protege do pecado. "Cada um é tentado", diz Tiago, "pela sua própria cobiça, quando esta o atrai e seduz" (Tg 1.14). Quando você está sozinho, os desejos distorcidos de um pecado inevitavelmente o conduzem ao pecado, mas os desejos moldados pela vontade de Deus e encorajados pelos justos desejos de outras pessoas conduzem à justiça.

Treinamento em Gratidão

    Na minha infância, minha igreja anualmente promovia um culto de ação de graças. Nós fazíamos um semicírculo em volta do piano com aquelas cadeiras verde-abacate. Nós cantávamos um ou dois hinos. Depois, todos tinham a oportunidade de ficar de pé e agradecer a Deus por ocasiões específicas em que ele manifestara sua bondade ao longo do último ano. Lembro-me das pessoas agradecendo por um novo bebê, novos empregos e novas casas. Lembro-me de

Orando juntos

agradecimentos por saúde física e espiritual. Lembro-me das lágrimas de alegria por pecadores que se arrependeram e por filhos da aliança quando faziam sua profissão de fé. O Senhor fez grandes coisas por nós. Por isso, estávamos alegres.

Quando, juntos, lembramo-nos de quem Deus é e do que realizou, nossos corações são treinados em gratidão. Essa sempre foi a prática do povo pactual de Deus. Em Deuteronômio 29, por exemplo, Moisés lembrou os israelitas da libertação do Egito e de sua fidelidade no deserto, onde "não envelheceram sobre vós as vossas vestes, nem se gastou no vosso pé a sandália" (v. 5). E, em todos os Salmos, os salmistas convocam o povo a proclamar a memória das misericórdias de Deus por eles.

> Rendei graças ao Senhor dos senhores, porque a sua misericórdia dura para sempre [...] àquele que feriu o Egito nos seus primogênitos, porque a sua misericórdia dura para sempre; e tirou a Israel do meio deles, porque a sua misericórdia dura para sempre (Sl 136.3, 10-11).

Embora momentos privados de gratidão a Deus certamente sejam apropriados, ações de graças são mais apropriadas como um evento público. "Agradecer a Deus", escreveu David W. Pao, "é lembrar e anunciar seus poderosos feitos. Portanto, as ações de graças vão além da esfera dos sentimentos privados e envolvem o reconhecimento público do Deus poderoso e fiel".[12] Quando oramos juntos, lembramo-nos do que poderíamos ter esquecido, nos alegramos pelos poderosos feitos de Deus por seu povo pactual e proclamamos em alta voz nossa gratidão.

Agradecer a Deus com outras pessoas é uma maneira eficaz de se guardar da ingratidão. Sozinhos, podemos ser tentados a esquecer, a subestimar e a ignorar a Deus, a origem de toda boa dádiva e todo dom perfeito (Tg 1.17). Sozinhos, corremos o risco de cair no caminho dos ímpios, que "não o glorificaram como Deus, nem lhe deram graças" (Rm 1.21). Mas, quando a gratidão de outras pessoas nos cerca, unimo-nos a elas e somos gratos.

Treinamento em Oração

No início deste capítulo, afirmei que orar junto é mais do que uma mera escola da oração. Como já vimos, quando oramos juntos, treinamos a fé, a experiência cristã, o arrependimento, os desejos e as ações de graças em nossos corações. Não é somente uma escola de oração, mas certamente também é isso.

Com frequência, aprendemos a orar com reverência, clareza e base bíblica quando ouvimos outras pessoas orando. Primeiro, somos compelidos a orar com reverência. Orar é uma tarefa séria — estamos nos aproximando do Altíssimo, que promete usar nossas orações para realizar grandes

---

[12] David W. Pao, *Thanksgiving: An Investigation of a Pauline Theme* (Downers Grove, IL: InterVarsity, 2002), 64.

Orando juntos

coisas. Quando oramos juntos, incentivamos a reverência ainda mais porque pegamos as pessoas pelas mãos e as levamos conosco até o trono. Segundo, se esperamos que as pessoas se juntem a nós em oração e digam "Amém" (1Co 14.16), temos a responsabilidade de orar com cuidado. Por amor a todos, precisamos orar com clareza, sabendo o que estamos pedindo e a quem estamos pedindo. E precisamos orar biblicamente, avaliando nossas orações públicas com base na Palavra de Deus.

Quando oramos juntos, também estimulamos o hábito de orar com regularidade e, assim, nos proteger do pecado da falta de oração. Eu sou mais inclinada a orar sozinha quando me sinto próxima do Senhor ou quando deparo com uma necessidade urgente. Eu sou fervorosa em oração quando uma crise, uma decisão ou uma enfermidade começam a preocupar demais, fervorosa em oração quando minha leitura bíblica é especialmente preciosa, fervorosa em oração quando meu coração é aquecido e (penso que) minhas necessidades são grandes. Contudo, em uma manhã de terça-feira normal, talvez eu não me sinta inclinada a orar, então meu hábito de orar com outras pessoas me leva a orar com regularidade. No domingo, oro diversas vezes com a igreja reunida; na terça, oro com um grupo de mulheres e também com meu marido; na quarta, novamente oro com a igreja; e, toda manhã e toda noite, oro com a minha família. Eu oro, estando com vontade ou não.

Vocês Estão Preparados?

No início desta semana, eu me encontrei para orar com duas senhoras da minha igreja. Nós debatemos alguns assuntos para a oração — um novo podcast para jovens que falam árabe, uma irmã em Cristo com paralisia, o ministério de nosso pastor — e depois nos sentamos em silêncio. Em seguida, uma das mulheres disse, com brilho nos olhos: "Irmã, você está preparada?". Seu entusiasmo mexeu com meu coração. Então, com a sensação de estar entrando em uma aventura épica, todas nós sorrimos, endireitamos nossos ombros e começamos a orar juntas.

Não sou capaz de imaginar um programa de discipulado melhor — e mais simples — do que crentes mais maduros e menos maduros se encontrando para ouvir a Palavra de Deus e orar. Também não consigo pensar em nada mais emocionante. Foi assim que você inicialmente aprendeu a fé, foi assim que os membros da Igreja primitiva cresceram (At 2.42), é assim que Cristo está até hoje conformando os santos na Coreia e os santos de minha própria igreja à sua imagem e é assim que aqueles que estão ao seu redor podem ser conduzidos à maturidade.

Irmãos e irmãs, vocês estão preparados?

6 AVIVAMENTO

Em 1858, Deus derramou seu Espírito em medida extraordinária, primeiro em Nova York, depois pelos Estados Unidos. Durante esse avivamento, as igrejas foram fortalecidas e milhares de almas se converteram. Pessoas de todas as idades, raças, condições econômicas e denominações foram afetadas. E o impacto foi tão grande que até os jornais seculares da época regularmente publicavam sobre o assunto. E tudo começou com uma reunião de oração composta por sete pessoas. Em seu relato em primeira mão dos eventos espirituais daquele ano, o ministro Samuel Prime

Orando juntos

escreveu: "Este avivamento deve ser lembrado pelas próximas gerações simples como uma resposta de oração".[1]

Até agora, nosso principal foco neste livro tem sido a própria oração. Consideramos o fundamento bíblico para que oremos juntos: o relacionamento entre Deus e os homens, nosso dever e as promessas de Deus. Também saboreamos os frutos do amor mútuo e do discipulado, que crescem quando oramos juntos. Mas agora, e antes de começar a falar sobre os detalhes práticos de orarmos juntos, voltaremos a atenção para um tipo de fruto um pouco diferente: a resposta de Deus à nossa oração.

As respostas às nossas orações são tão variadas quanto as próprias orações. Somente no livro de Tiago, aprendemos que Deus responde às orações sarando os santos que estão enfermos (5.14-16), retendo e enviando chuva (5.17-18), concedendo sabedoria (1.5) e atendendo a todos os bons pedidos que procedem de um coração puro (1.17; 4.2-3). Somente a eternidade revelará as inúmeras respostas amorosas, grandes e pequenas de Deus às súplicas de seu povo.

Em um livro sobre a oração corporativa, é apropriado considerarmos uma das maiores respostas de Deus áquela gloriosa bênção coletiva que, com frequência, aprouve a Deus conceder ao seu povo reunido em oração: o avivamento.

---

1 Samuel Prime, *The Power of Prayer: The New York Revival of 1858* (1859; repr. Carlisle, PA: Banner of Truth, 1991), 3.

Pilhas de livros já foram escritas sobre o avivamento: seus fundamentos teológicos, suas ocorrências históricas e suas implicações para os cristãos de nossos dias.² No pequeno espaço deste capítulo, o objetivo não é fazer um estudo exaustivo, mas focar no avivamento como um fruto de orarmos juntos. Primeiro, vamos considerar o que é um avivamento. Depois, vamos considerar dois incentivos bíblicos a orar por avivamento. Por fim, vamos considerar a relação entre oração corporativa e avivamento — como as duas coisas cooperam entre si.

O que é Avivamento?

Creio que todos nós já participamos de uma reunião de oração em que não estava muito claro o que exatamente estávamos pedindo que Deus fizesse. Às vezes, pedimos para Deus "abençoar a viagem", "abençoar essa situação" ou para "estar com alguém" e coisas assim. Tudo isso parece bom. Mas o que estamos realmente pedindo? Por que pensamos que Deus quer que oremos por essas coisas? E, se Deus dissesse sim, nós saberíamos reconhecer a resposta? Para muitos, o avivamento é mais uma daquelas bênçãos confusas que somos ligeiros para pedir, mas lentos para entender. Claro que oramos por avivamento. Um avivamento parece ótimo. Mas o que exatamente é isso?

---

2 Devo especialmente ao excelente livro de Ian H. Murray *Pentecost Today?: The Biblical Basis for Understanding Revival* (Cape Coral, FL: Founders Press, 1988).

Orando juntos

J. I. Packer nos deu uma definição que é bastante útil. Ele resumiu a importante obra de Jonathan Edwards sobre o assunto da seguinte maneira: "Avivamento é uma obra extraordinária de Deus, o Espírito Santo, revigorando e propagando a piedade cristã em uma comunidade".[3] Para melhor entender o que é avivamento — e pedir a Deus por isso com mais confiança —, vamos examinar e aplicar essa definição.

A primeira coisa que observamos aqui é que o avivamento é obra do Espírito Santo. O Espírito, que foi dado pelo Pai e pelo Filho, dá poder à Palavra (1Ts 1.5), convence do pecado (Jo 16.8), concede nova vida (Jo 3.6), ajuda-nos a orar (Rm 8.26) e abre nossos lábios para cantar louvores a Deus (Ef 5.18-19), além de capacitar-nos para uma nova obediência (Rm 8.4), e manifestar seu fruto em nossas vidas (Gl 5.22-23). O avivamento é obra de Deus e, portanto, está debaixo do soberano poder de Deus. Ocorre no tempo, no lugar e da maneira que agradam a ele, segundo o beneplácito de sua vontade. Como em tudo o que ele faz, Deus opera avivamento para sua própria glória e de uma maneira que é consistente com sua natureza imutável. Um avivamento, do princípio ao fim, é algo que somente Deus pode realizar.

Por isso, orar por avivamento é algo especialmente apropriado. Orar é reconhecer nossas necessidades, pedindo que Deus faça o que nós mesmos não somos capazes

---

[3] J. I. Packer, "Jonathan Edwards and the Theology of Revival", *Puritan Papers: v. 2, 1960-1962*, ed. J. I. Packer (Phillipsburg, NJ: P&R, 2001), 33.

de fazer, e o que mais necessitamos é do Espírito Santo.[4] O próprio Jesus nos encorajou da seguinte maneira: "Ora, se vós, que sois maus, sabeis dar boas dádivas aos vossos filhos, quanto mais o Pai celestial dará o Espírito Santo àqueles que lho pedirem?" (Lc 11.13). E, quando oramos pelo Espírito, estamos orando ao lado de Cristo, que pede que o Pai nos dê o Espírito (Jo 14.16). O Espírito Santo, o agente divino do avivamento, é uma dádiva que Cristo promete nos dar quando oramos.

Reconhecer que um avivamento é a obra soberana do Espírito também nos impede de ficar exigindo avivamento ou de pensar que um avivamento depende da força de nossas orações. Como observamos no Capítulo 3, às vezes os cristãos lidam com a oração como se fosse um problema de matemática, crendo que, se conseguirmos determinada quantidade de pessoas com determinada quantidade de coragem, podemos forçar Deus a responder da maneira que queremos. Em vez disso, nas palavras de Ian Murray, "Deus escolheu fazer da oração um *meio* de bênção, não para que o cumprimento de seus propósitos dependa de nós, mas para *nos* ensinar a depender dele em absoluto".[5] Orarmos juntos por avivamento é essencial, mas não podemos exigir isso

---

[4] Jonathan Edwards chamou o Espírito "o chefe das bênçãos, as quais são o objeto de oração dos cristãos". Ver Jonathan Edwards, *An Humble Attempt*, em *The Works of Jonathan Edwards*, v. 5, *Apocalyptic Writings*, ed. Stephen J. Stein, *WJE Online*, acesso em 26 dez. 2014. Disponível em http://edwards.yale.edu/archive?path=aHR0cDovL2Vkd2FyZHMueWFsZS5lZHUvY2dpLWJpbi9uZXdwaGlsby9nZXRvYmplY3QucGw/Yy40OjUud-2plbw==. Confira também Mateus 7.11 ("quanto mais vosso Pai, que está nos céus, dará boas coisas aos que lhe pedirem?") com Lucas 11:13 ("quanto mais o Pai celestial dará o Espírito Santo àqueles que lho pedirem?).

[5] Murray, *Pentecost Today?*, 69; ênfase original.

Orando juntos

de Deus. Devemos pedir com humildade e esperar sua boa resposta.

A segunda coisa sobre um avivamento é que se trata de uma obra extraordinária. A palavra "extraordinária" não se refere ao que é novo ou diferente, mas ao que é maior em grau ou intensidade. No Novo Testamento, o Espírito definitivamente encheu os cristãos em Pentecostes (At 2.4) e, depois, mais uma vez, encheu os mesmos cristãos com uma medida adicional (At 4.31).[6] Quando oramos por avivamento, estamos pedindo que o Espírito faça em maior quantidade o que ele normalmente já faz ("revigorar e propagar a piedade cristã"). Aliás, é possível não reconhecermos um avivamento imediatamente porque é muito parecido com o que o Espírito já está fazendo. Murray escreve: "A partir do Pentecostes, a obra do Espírito pode ser vista de duas maneiras: a mais comum e a extraordinária. Não há uma diferença essencial, somente de intensidade. Por isso, nem sempre é possível determinar quando termina o normal e começa o extraordinário".[7]

Na obra clássica de Charles Dickens, o romance *Oliver Twist*, o personagem principal é um órfão enviado a um asilo. Lá, ele recebe uma única porção de mingau a cada noite para o jantar. Depois de meses de racionamento, ao ter-

---

[6] Ibid., 18. O Catecismo Maior de Westminster declara que o Espírito está presente em todo santo, mas nem sempre atua "o tempo todo, na mesma medida". Westminster Larger Catechism, *The Confession of Faith Together with the Larger Catechism and the Shorter Catechism with Scripture Proofs*, 3rd ed. (Lawrenceville, GA: Christian Education & Publications, 1990), 182.

[7] Murray, *Pentecost Today?*, 17.

minar de comer seu mingau, Oliver criou coragem, foi até o cozinheiro com a tigela vazia e disse as famosas palavras: "Por favor, senhor, eu quero mais".[8]

Nós fazemos algo parecido quando oramos por avivamento. Tendo experimentado o Espírito Santo, tendo saboreado uma porção de sua presença e de seu poder, nós nos aproximamos do Pai com um pedido audacioso: Por favor, Senhor, podemos comer um pouco mais? Mas, diferente do cozinheiro do asilo, que reagiu ao pedido de Oliver com uma incredulidade dramática ("O quê?! — disse o cozinheiro com a voz alterada"),[9] nosso gracioso Deus tem prazer em atender ao nosso pedido com mais uma generosa porção do Espírito em nossas igrejas e comunidades.

Com esse entendimento, não oramos por avivamento como se fosse um santo remédio sem qualquer semelhança com a obra normal de Deus em nosso meio. Recentemente, Michael Horton fez uma crítica em que identificou o anseio evangélico de experimentar um avivamento como parte de nossa incansável busca moderna pelo "próximo grande sucesso".[10] O próprio Murray salientou que, "no século XX, muitas pessoas tinham muita fé no avivamento e

---

8 Charles Dickens, *Oliver Twist*; ou *The Parish Boy's Progress*, 3rd ed. (Leipzig, Germany: Bernard Tauchnitz, 1843), 13.

9 Ibid.

10 Michael Horton, *Ordinary: Sustainable Faith in a Radical, Restless World* (Grand Rapids,MI: Zondervan, 2014), 74-81.

Orando juntos

pouca fé no próprio Deus".[11] Mas a oração por avivamento não pode ser divorciada da oração pela glória de Deus (Mt 6.9), pelo avanço do reino de Cristo e pela obediência à sua Palavra (Mt 6.10), pelo sucesso da pregação do evangelho (Cl 4.3; 2Ts 3.1), pela edificação da Igreja e para que o domínio de Satanás seja destruído (Mt 16.18) e pelo arrependimento dos pecadores (2Pe 3.9). Nós oramos juntos por avivamento quando oramos para Deus realizar sua obra ordinária — com uma intensidade extraordinária. Irmãos e irmãs, nós pedimos mais.

Por fim, vemos que, quando Deus responde às nossas orações por avivamento, é no contexto da comunidade. Como Packer explica, um avivamento é uma obra do Espírito, é algo extraordinário e acontece com um grupo de pessoas. Isso não quer dizer que Deus não possa ou não queira avivar indivíduos; os salmos são cheios de ricos testemunhos da graça vivificante de Deus operando no coração de santos individualmente. Mas, assim como o Espírito encheu toda a Igreja em Pentecostes e depois acrescentou três mil pessoas (At 2.4, 41), o avivamento é uma obra de Deus em uma grande quantidade de pessoas, começando na Igreja e depois alcançando a comunidade ao redor. (Vamos falar a esse respeito com mais detalhes nas duas próximas seções deste capítulo.)

---

11 Murray, *Pentecost Today?*, 78.

E, como o avivamento é uma bênção coletiva para a igreja e para a comunidade da qual ela faz parte, é especialmente apropriado que oremos juntos para alcançá-lo. Esse era o padrão da Igreja em Atos e também deve ser o nosso. Como uma família, como estudantes, como empregados, como membros de uma comunidade e — especialmente! — como uma igreja, nós nos reunimos para orar por uma resposta que receberemos juntos.

Irmãos e irmãs, vamos orar juntos no Espírito pelo Espírito,[12] sabendo o que estamos pedindo e de quem receberemos.

Ele Estabelece Jerusalém

Agora, que já definimos o que é um avivamento, vamos refletir sobre as duas características primárias de um avivamento ("revigorar" e "propagar" a piedade cristã) à luz dos incentivos específicos que a Bíblia nos dá para que oremos. Em primeiro lugar, avivamento é Deus revigorando seu povo, a Igreja. A Igreja revigorada terá as afeições corretas — rejeitando o pecado, ouvindo a Palavra de Deus com entusiasmo e perseverando na oração — e será abundante em boas obras, tanto pelos que são do seu meio como pelos que são de fora.[13] Isso é algo que Deus promete fazer, e ele pede que oremos para que ele faça:

---

12 D. M. Lloyd-Jones, "Revival: An Historical and Theological Study", *Puritan Papers: v. 2, 1956-1959*, ed. D. M. Lloyd-Jones (Phillipsburg, NJ: P&R, 2000), 318.

13 Packer, "Jonathan Edwards and the Theology of Revival", 37.

Orando juntos

> Sobre os teus muros, ó Jerusalém, pus guardas, que todo o dia e toda a noite jamais se calarão; vós, os que fareis lembrado o SENHOR, não descanseis, nem deis a ele descanso até que restabeleça Jerusalém e a ponha por objeto de louvor na terra (Is 62.6-7).

Em Isaías 62, Deus diz que ele fará com que sua Igreja (chamada de "Jerusalém")[14] seja justa (v. 1), bela (v. 3) e objeto de sua divina alegria (v. 5). Ela será sustentada sem as ameaças de seus inimigos (vv. 8-9), será firmemente estabelecida e será posta "por objeto de louvor na terra" (v. 7).

Com base em sua promessa, Deus ordena "os que fazem menção do SENHOR" (v. 6) a orar por isso. Todos os que amam a Igreja de Cristo precisam orar para que ela seja estabelecida.[15] Além disso, não devemos orar somente uma ou duas vezes, mas sem cessar. Não podemos descansar. E, como uma autorização divina para sermos audaciosos, Deus também diz que não devemos dar descanso a ele. Devemos ser como a viúva persistente que constantemente voltava com seu pedido (Lc 18.1-18). Devemos ser como a profetisa Ana, que nunca se afastava de seu lugar de oração e jejum (Lc 2.37). Devemos imitar Paulo, que orava pela Igreja o tempo todo (1Ts 3.10). E devemos orar contra o incansável

---

14 John L. Mackay, *Isaiah*, v. 2: capítulos 40-66, EP Study Commentary (Carlisle, PA: EP Books, 2009), 535.

15 Ibid., 536.

Inimigo da Igreja, que acusa a Igreja de dia e de noite (Ap 12.10). Por mandamento de Deus, temos de orar para que o povo de Deus seja revigorado — de manhã e à noite, hoje e amanhã, este ano e no ano que vem e por todos os anos, até que Cristo venha.

Um dia, quando estivermos além da realidade temporal, quando Cristo vier e entrarmos na eternidade com ele, quando a nova Jerusalém descer (Ap 21.2) e estiver completa e finalmente estabelecida, nós nos uniremos aos querubins e serafins, e estaremos na companhia dos santos, cujos louvores nunca cessam de dia e de noite (Ap 4.8-11; 7.15). Nós, que, na terra, não dávamos descanso a Deus, sempre pedindo sua bênção, não daremos descanso a ele na eternidade, sempre agradecendo por sua resposta.

No início deste capítulo, descrevi o avivamento de Nova York, que começou com uma reunião de oração organizada por um homem chamado Jeremiah Lamphier. Lamphier escreveu em seu diário: "Um dia, enquanto eu andava na rua, veio-me a ideia de que uma hora de oração, de meio-dia a uma hora da tarde, seria benéfica para os *empresários*. Muitos deles costumam reservar esse tempo para descansar e se revigorar".[16] Essa primeira reunião de oração, que aconteceu no dia 23 de setembro de 1857, rapidamente cresceu para 150 reuniões ao meio-dia em toda a cidade. Os empre-

---

16   Jeremiah Lamphier, citado em Prime, *Power of Prayer*, 7-8; ênfase original.

Orando juntos

sários de Nova York não descansavam e não davam descanso a Deus.[17]

E que resposta! Começando em Nova York e depois pelos Estados Unidos como um todo, o Senhor derramou seu Espírito sobre seu povo. E Samuel Prime relatou:

> As mudanças que aconteceram na Igreja foram muito bem-vindas [...] foi um abençoado espetáculo para o mundo, uma Igreja viva, uma Igreja ativa, uma Igreja de oração. Era um espetáculo sublime quando isso foi visto como a posição moral não de uma igreja, mas da maioria das igrejas; não de um lugar, mas de todos os lugares, quando um impulso comum parecia mover a terra.[18]

Irmãos e irmãs, oremos juntos durante todo o tempo (Ef 6.18) — no intervalo do café, na hora do almoço, cedo de manhã, tarde da noite e em todos os outros momentos livres —, não dando descanso a Deus até que ele estabeleça seu povo.

Ele Envia Trabalhadores

A segunda característica de um aviamento é a "propagação da piedade cristã". Em um avivamento, a obra do Espírito se estende para além dos limites da Igreja, regene-

---

17 Ibid., 24. Também existem reuniões de oração ao meio-dia em Boston, Baltimore, Washington, Richmond, Charleston, Savana, Mobile, Nova Orleans, Vicksburg, Mênfis, St. Louis, Pittsburgh, Cincinnati e Chicago.

18 Ibid., 28-29.

rando os corações em grande quantidade. A maioria de nós nunca testemunhou pessoalmente a conversão de multidões, como os três mil no dia de Pentecostes (At 2.41), os trezentos mil durante o Grande Avivamento de 1740-1742 ou os cinquenta mil por semana durante o Avivamento de 1858,[19] mas somos fortemente incentivados pela Bíblia a orar por isso. Um dos maiores incentivos são as palavras de Jesus aos seus discípulos: "E lhes fez a seguinte advertência: A seara é grande, mas os trabalhadores são poucos. Rogai, pois, ao Senhor da seara que mande trabalhadores para a sua seara" (Lc 10.2).

O contraste, nas palavras de Jesus, revela quanto é urgente orarmos pelo sucesso do evangelho nos corações dos pecadores. Por um lado, temos a promessa da gloriosa e abundante seara de almas. Por outro lado, há pouquíssimos trabalhadores saindo para a seara. Isso não é bom, disse Jesus. Há uma grande colheita prestes a acontecer. Não se satisfaça com um único pregador aqui ou lá quando o mundo precisa de uma grande quantidade. Peça ao Pai que envie mais. (É interessante observar que, nessa ocasião, Jesus estava enviando 72 homens. Pelos padrões da maioria das igrejas, comissionar 72 missionários de uma só vez seria algo inacreditável. Mas aqui Jesus diz que eles eram "poucos" e diz que devemos orar diligentemente por mais!)

---

19 Erroll Hulse, *Give Him No Rest: A Call to Prayer for Revival* (Webster, NY: Evangelical Press, 2006), 8, 25.

Orando juntos

Quando oramos juntos pela conversão de muitos, oramos com Jesus, a quem o Pai disse: "Pede-me, e eu te darei as nações por herança e as extremidades da terra por tua possessão" (Sl 2.8). Nós sabemos que as orações de Cristo — e nossas orações em harmonia com ele — terão resposta. No céu, testemunharemos pessoalmente a resposta do Pai na "grande multidão que ninguém podia enumerar, de todas as nações, tribos, povos e línguas, em pé diante do trono e diante do Cordeiro, vestidos de vestiduras brancas, com palmas nas mãos" (Ap 7.9). Nós temos todas as razões para pedir mais para Deus — mais trabalhadores, mais almas redimidas em mais lugares e, em última análise, mais glória para o Cordeiro.

Em 1806, um estudante de faculdade chamado Samuel Mills começou a orar pela causa das missões estrangeiras. Até esse tempo, as organizações missionárias que existiam nos Estados Unidos eram exclusivamente dedicadas às missões domésticas, tanto na fronteira do Oeste como entre as tribos de nativos americanos.[20] Mas, no Williams College, Mills orou para que o Senhor levantasse e enviasse homens para levar o evangelho às outras nações. Por fim, ele reuniu um pequeno grupo de amigos espiritualmente focados: "Ele os levou para um campo aberto, a certa distância da faculdade [...] onde, ao lado de grandes fardos de feno, dedicou o

---

20 Gardiner Spring, *Memoirs of the Rev. Samuel J. Mills, Late Missionary to the South Western Section of the United States, and Agent of the American Colonization Society, Deputed to Explore the Coast of Africa* (New York: New York Evangelical Missionary Society, 1820), 21.

dia à oração, ao jejum e a uma conversa informal sobre esse tema novo e interessante [missões estrangeiras]".[21] Alguns relatos dizem que, enquanto eles oravam, teve início uma súbita tempestade, o que fez com que os homens se refugiassem debaixo dos fardos de feno.[22] Depois daquele dia, eles continuaram a se reunir semanalmente no que ficou conhecido como a Reunião de Oração dos Fardos de Feno. Em resposta às orações realizadas em meio aos fardos de feno, aprouve a Deus estabelecer a *American Board of Commissioners for Foreign Missions*, a *American Bible Society* e a *United Foreign Missionary Society*, e, por meio dessas organizações, enviar muitos trabalhadores às suas searas prontas para a colheita.[23]

Irmãos e irmãs, vamos orar juntos sempre que possível — no quarto dos fundos, no quintal, na sala de aula vazia, na escadaria abandonada, nas mesas de piquenique, nos bancos da igreja e na plataforma do metrô —, clamando ao Senhor por uma grande colheita.

Oração e Avivamento, Avivamento e Oração

Como já vimos, o avivamento — a obra extraordinária do Espírito de revigoramento e propagação — costuma

---

21 Ibid., 29.

22 Ruth A. Tucker, *From Jerusalem to Irian Jaya: A Biographical History of Christian Missions* (Grand Rapids, MI: Zondervan, 1983), 122.

23 Heman Humphrey, *Revival Sketches and Manual in Two Parts* (New York: American Tract Society, 1859), 116.

Orando juntos

ser a resposta de Deus às orações unidas de seu povo. Mas, quando Deus graciosamente responde, o povo de Deus não deve parar de orar junto. Como assinalado no Capítulo 2, o povo de Deus é um povo que ora. Quando experimentam um avivamento, eles oram ainda mais, pois sentem com mais profundidade o privilégio de se relacionar com Cristo e com sua Igreja, e levam ainda mais a sério o chamado à obediência. Quando o povo ora junto, pode haver um avivamento. Quando há um avivamento, o povo sempre ora junto.

Esse ciclo glorioso é evidente no livro de Atos. Depois da ascensão de Jesus, os crentes "perseveravam unânimes em oração" (At 1.14). Depois, o Senhor os encheu com seu Espírito (At 2.4) e regenerou muitos outros (v. 41). Imediatamente depois, encontramos os cristãos mais uma vez orando juntos todos os dias (vv. 42, 46). Em seguida, é dito que "em cada alma havia temor" (v. 43) e "acrescentava-lhes o Senhor, dia a dia, os que iam sendo salvos" (v. 47). O padrão se repete ao longo de toda a História da Igreja: o povo ora junto, a Igreja se fortalece, muitos se convertem e o povo ora junto de novo.

Na década de 1740, o Espírito trouxe o Avivamento de Cambuslang para a Escócia. O pastor da igreja em Cambuslang relatou que, em fevereiro de 1742, antes do avivamento, o povo de sua igreja realizava "orações fervorosas e extraordinárias em grandes reuniões, orando especialmente pelo sucesso do evangelho".²⁴ Três meses depois, os cristãos recém-avivados manifestavam "um amor ardente uns pelos outros; o culto divino era preservado nas famílias; *novas reuniões de oração eram estabelecidas, frequentadas tanto por idosos como por jovens* — algumas na própria paróquia, onde *doze dessas Sociedades já foram inauguradas*, e outras em outros lugares, entre os que foram avivados".²⁵ As pessoas se reuniam para orar, eram avivadas pelo Senhor, o número de pessoas aumentava e elas oravam ainda mais.

É especialmente tocante ler sobre as orações das crianças de Cambuslang e das outras paróquias naquela região. Os alunos de uma escola pediram permissão ao professor para promover uma reunião de oração na escola. Alguns "não tinham mais de 8 ou 9 anos e outros tinham 12 ou 13 anos".²⁶ Eles oravam juntos "três vezes ao dia — pela manhã, ao meio-dia e à noite".²⁷ Em outra escola, "cerca de vinte deles se encontravam duas vezes por semana e alguns tinham de percorrer uma longa distância no escuro andando para voltar para casa".²⁸ Um pastor relatou: "Observou-se que cerca de 16 jovens da cidade se reuniram em um

---

24 J. B. Johnston, *The Prayer-Meeting and Its History, As Identified with the Life and Power of Godliness, and the Revival of Religion* (Pittsburgh: United Presbyterian Board of Publication, 1870), 162.

25 Ibid., 161; ênfase original.

26 Ibid., 165.

27 Ibid.

28 Ibid., 167.

Orando juntos

estábulo para orar".[29] Em outras cidades, "meninos foram encontrados orando nos campos"[30] e "diversas meninas com idade entre 10 e 14 anos foram observadas reunindo-se em uma casa para orar".[31] Nas salas de aulas, nos estábulos, nas casas, as crianças da Escócia oravam juntas. Pela manhã, ao meio-dia e à noite, elas não davam descanso ao Senhor. E, com pequenas vozes e grandes orações, pediam que Deus desse mais. Ah, que o Senhor derrame hoje o seu Espírito sobre as crianças e sobre os adultos de nossas comunidades!

Esse ciclo — oração e avivamento, avivamento e oração — só chegará ao fim na eternidade. Na vinda de Cristo, a Igreja será final e completamente estabelecida para nunca mais ser abalada. A colheita completa das almas redimidas será alegremente recolhida nos celeiros celestiais. E o povo de Deus será ainda mais vivificado do que antes. Seus corpos e suas almas serão permanentemente glorificados. Esse último avivamento, que nunca se desvanecerá, ocasionará uma eterna reunião de oração, e toda a grande multidão reunida adorará o Cordeiro eternamente.

---

29 Ibid., 165-66.
30 Ibid., 167.
31 Ibid., 166.

parte 3

A PRÁTICA DE ORARMOS JUNTOS

7 ORANDO COM A IGREJA

Não seria exagero dizer que fiz este livro inteiro só para escrever este capítulo. As duas primeiras partes do livro, *Por que Devemos Orar Juntos* e *Os Frutos de Orarmos Juntos*, são essenciais. São os *porquês* bíblicos necessários que constrangem nossa consciência e nos compelem a agir. Mas agora, ao considerar o *como*, vamos lidar com algo que considero especialmente importante, o aspecto da oração com os irmãos que mais enriqueceu minha própria alma e que acredito ser o mais vital na vida dos santos, embora

Orando juntos

talvez também seja o mais negligenciado: a igreja local em oração.[1]

Aqui vou defender dois pontos: as orações substanciais dos presbíteros no culto público e as reuniões de oração regulares na vida da igreja. Para facilitar, também vou abordar duas questões práticas: primeiro, como orar enquanto outra pessoa conduz a oração e, segundo, como conduzir a oração enquanto os outros oram.

Irmãos e irmãs, nas palavras atribuídas a Martinho Lutero: "Vamos orar — na igreja, com a igreja e pela igreja".[2]

Orações Substanciais Conduzidas pelos Presbíteros no Culto Público

Na adolescência, morei por alguns meses nas Terras Altas da Escócia e cultuava com uma congregação da Igreja Livre da Escócia. Lembro-me de quanto fiquei surpresa quando, naquele primeiro Dia do Senhor, o pastor começou a orar e a igreja inteira se levantou e permaneceu de pé durante toda a oração.[3] Ao me juntar a eles, entendi que estava participando de um grupo em ação. Não estávamos dormindo. Não estávamos passivamente ouvindo outra

---

1 Neste capítulo, uso "igreja" no sentido estrito de igreja local: um corpo de santos e suas crianças em determinado local, sob a liderança de presbíteros ordenados.

2 Veja, por exemplo, Eric J. Alexander, *Prayer: A Biblical Perspective* (Carlisle, PA: Banner of Truth, 2012), 76.

3 Como observei no Capítulo 4, o escopo deste livro não nos permite examinar o debate acerca da postura na oração.

pessoa orar. Não. Estávamos adorando, trabalhando e guerreando. Nós éramos a igreja e estávamos orando juntos.

Se queremos uma igreja local que ora em conjunto (e nós queremos!), *os presbíteros precisam fazer orações substanciais no culto público*. Nós já vimos na Escritura que a oração corporativa é claramente uma prioridade do povo de Deus e que se diz, repetidas vezes, que a oração tem lugar proeminente no *culto público* (Is 56.7; Mt 21.12-13; 1Tm 2.8).[4] No culto do Dia do Senhor, a Igreja se reúne como uma assembleia visível — o povo pactual de Deus adorando junto para que o mundo inteiro veja. No culto, Deus fala com o homem (por meio da leitura e da pregação da Escritura) e o homem fala com Deus (por meio dos cânticos e da oração). Apresentamo-nos diante do trono não como indivíduos isolados, mas como um povo unido, uma única nação, um corpo interligado e interdependente. Quando oramos no culto público, falamos com nosso Deus com uma só voz (cf. Atos 4.24-30).

Com isso em mente, nossa oração no Dia do Senhor com a igreja precisa ter um conteúdo substancial. Os pagãos "usam de vãs repetições" (Mt 6.7), mas o povo de Deus deve orar por questões mais importantes. A Escritura nos direciona a fazer grandes orações juntos: louvor (Sl 34.4), confissão (Tg 5.16) e ações de graças (Sl 100.4). Também devemos interceder pelas autoridades civis (1Tm 2.1-2),

---

4   Ver Capítulo 2: Dever.

Orando juntos

pelo ministério e pelas missões (Mt 9.37-38), pela salvação de todos os homens (1Tm 2.1,4), pela santificação do povo de Deus (Cl 1.9-12) e pela consolação dos aflitos (Tg 5.13-18).[5] Quando a Igreja ora, apresenta todos os interesses de Cristo e da Igreja diante do trono.

Precisa haver um *período substancial* dedicado às orações. Não é possível orar por tudo o que Deus nos direciona a orar em somente trinta segundos. Além disso, algum tempo é necessário para que os corações de toda a congregação se envolvam com a oração. A igreja não é ajudada quando alguém começa a orar e rapidamente termina com um "Amém", deixando de levar em consideração que há pessoas nos bancos que ainda estão tentando preparar a alma. Os puritanos costumavam dizer: "Ore até conseguir orar", o que significa que a oração não é um rito rápido e irracional que você precise marcar em sua lista de tarefas. É uma comunicação genuína com o Deus vivo. Então, a igreja precisa estar disposta a orar de maneira plena e deliberada. Por amor à glória de Deus, por amor ao reino de Cristo, por amor ao crente maduro, à criança pequena e ao visitante curioso, ore. Ore até que todos consigam orar. Se, verdadeiramente, crermos que a oração é o glorioso privilégio e o dever da igreja reunida, estaremos desejosos de passar uma parte significativa do culto público orando juntos.

---

5 Terry L. Johnson, *Leading in Worship* (Oak Ridge, TN: Covenant Foundation, 1996), 28.

Terceiro, nossas orações substanciais com a igreja no culto público devem ser conduzidas por um presbítero. Com isso, quero dizer que uma das principais obrigações dos presbíteros na igreja[6] — os subpastores do rebanho de Cristo — é ser a voz da congregação em oração. Para que fique bem claro: a oração é direito de todo homem, mulher ou criança que pertence a Cristo. A posição de um presbítero na igreja diante de Deus em oração não é melhor que a do crente mais fraco ou mais jovem. Ele não será atendido com maior prontidão e amor do que qualquer outro filho do Rei. O presbítero também não é o mediador da igreja. Sua oração não é o que assegura a atenção do Pai; nós temos um só Mediador, Jesus Cristo homem (1Tm 2.15), e ele é o advogado de todos os redimidos. O presbítero é o líder servo da congregação. Ele vai adiante deles, dando voz às suas orações, e ele está ao lado deles, encorajando-os a unir seus corações à súplica comum.

Ao longo da história da redenção, os líderes do povo de Deus sempre tiveram a responsabilidade privilegiada de orar publicamente. Moisés, Josué, Samuel, Davi, Ezequias, Neemias, Esdras e Daniel oraram como a voz do povo do pacto e são exemplos para os líderes da Igreja de nosso tempo. Além do mais, assim como os apóstolos deveriam focar "na oração e no ministério da palavra" (At 6.4) e, assim como os pastores não apostólicos, como Timóteo e Epafras, poste-

---

6 Esses indivíduos têm o dom e são chamados e consagrados como autoridade na igreja local. Isso inclui o pastor e outros presbíteros.

Orando juntos

riormente priorizaram essas mesmas funções para servir à Igreja do primeiro século, nossos presbíteros também têm o dever especial de conduzir a igreja local em oração.[7]

Quando me refiro às orações conduzidas pelos *presbíteros*, quero dizer que, normalmente, os presbíteros não devem ler orações escritas; eles devem usar as próprias palavras para orar. Historicamente, as orações improvisadas no culto público são as mais frequentes em diversas tradições protestantes, incluindo as igrejas presbiterianas, congregacionais, batistas e metodistas.[8] A base para essas orações "livres", ainda valorizadas em muitas igrejas de nossos dias, são as diversas orações que vemos na Escritura, a prática universal da Igreja por centenas de anos depois de Cristo e após a Reforma, bem como a convicção de que somente as orações livres podem lidar adequadamente com diversas necessidades e circunstâncias específicas da igreja.[9] As orações livres com uma linguagem completamente bíblica, moldadas por prioridades bíblicas e baseadas nas promessas bíblicas, são as mais adequadas para que os presbíteros exerçam amor e discipulem a igreja específica que está sob seus cuidados.[10]

---

7   Eugene Bradford, *Intercessory Prayer: A Ministerial Task* (Boonton, NJ: Simpson, 1991), 3-19.

8   Terry L. Johnson e J. Ligon Duncan III, "Reading and Praying the Bible in Corporate Worship", *Give Praise to God: A Vision for Reforming Worship*, ed. Philip Graham Ryken, Derek W. H. Thomas e J. Ligon Duncan III (Phillipsburg, NJ: P&R, 2003), 149.

9   Samuel Miller, *Thoughts on Public Prayer* (1849; repr. Harrisonburg, VA: Sprinkle, 1985), 131-76.

10 Ver Capítulo 4, "Amor"; e Capítulo 5, "Discipulado".

Em sua carta à igreja da Tessalônica, Paulo, Silvano e Timóteo relatam: "Damos, sempre, graças a Deus por todos vós, mencionando-vos em nossas orações e, sem cessar, recordando-nos, diante do nosso Deus e Pai, da operosidade da vossa fé, da abnegação do vosso amor e da firmeza da vossa esperança em nosso Senhor Jesus Cristo" (1Ts 1.2-3). Da mesma maneira, os presbíteros da minha própria igreja nos mencionam com intimidade diante do Senhor. Toda semana, eles confessam nossos pecados comuns, recordam nossas tribulações específicas, pedem que nossas necessidades sejam atendidas e imploram por mais santidade. Com frequência, eles citam o nome das pessoas e das situações na oração; eles sempre oram por nós com afeto fraternal. Eles nos conduzem no trabalho árduo da oração, não em benefício próprio, mas por amor. Ao orar com eles, a igreja reunida é treinada em todas as esferas da vida da fé — crescendo no conhecimento de Deus e de si mesmo, crescendo na fé e aprendendo a orar com esses irmãos maduros.

Irmãos e irmãs, precisamos de orações substanciais conduzidas pelos presbíteros no culto público.

Como Orar enquanto Outra Pessoa Conduz a Oração

Desde a infância, sento-me no banco da igreja com a congregação e sou conduzida em oração. Eu sei que esse é um grande privilégio, então eu adoraria dizer que sempre orei com todo o meu coração. Mas não seria verdade.

Orando juntos

Quando eu era criança, às vezes não prestava atenção nas orações. Na adolescência, às vezes eu dormia. E agora, como adulta, minha mente às vezes se distrai do glorioso propósito dessa incumbência celestial. Infelizmente, não me apresentei diante do trono com o restante da igreja em todas as orações.

Como, então, devemos orar enquanto outra pessoa conduz a oração? Como aprendi com aqueles montanheses da Escócia que ficavam de pé, a chave é reconhecer que precisamos realmente orar. Como disse certo autor, precisamos orar "de coração tanto quanto os que conduzem a oração".[11] A oração corporativa é um trabalho para a igreja inteira.

Primeiro, por mais óbvio que possa parecer, precisamos estar presentes. Precisamos estar presentes fisicamente: "Não deixemos de congregar-nos" (Hb 10.25). Se não estamos presentes nas reuniões da igreja, perdemos a oportunidade de orar juntos. Além disso, precisamos estar presentes mentalmente, prestando atenção nos pedidos de quem está conduzindo a oração. E o mais importante é que precisamos estar presentes espiritualmente, participando com todo o nosso coração da oração comum, pois "de nada adianta se unir com outras pessoas em suas orações sinceras se o teu próprio coração permanece imóvel".[12]

---

11 Henry Bazely, "Standing at Prayer", E. L. Hicks, *Henry Bazely: The Oxford Evangelist, a Memoir* (London: MacMillan, 1886), 247.

12 Edward Bickersteth, *A Treatise on Prayer: Designed to Assist in Its Devout Discharge* (Schenectady, NY: A. Van Santvoord & M. Cole, 1822), 11.

Segundo, nosso objetivo deve ser dizer "Amém". Mais do que um mero sinal de que a oração acabou, o "Amém" expressa nossa enfática concordância e sincera esperança de que o Deus que ouve as orações atenderá ao pedido que fizemos em unidade. Nesse espírito, o salmista clama: "E todo o povo diga: Amém!" (Sl 106.48) e o apóstolo Paulo ensina que os cristãos devem orar com clareza para que outros possam dizer "Amém" (1Co 14.16). Jesus também trata a concordância como nosso principal objetivo quando oramos com outras pessoas (Mt 18.19).[13]

Manter esse foco promove uma atitude de humildade e submissão. Não estamos lá para criticar (ou elogiar) a qualidade da oração; estamos lá para concordar com tudo que é bíblico. Até as orações mais imperfeitas e desengonçadas costumam conter verdades sobre Deus e seus propósitos, e podem receber nosso "Amém". Também devemos buscar fazer aplicações às nossas circunstâncias específicas. O líder está confessando o pecado da idolatria? Devemos examinar nossos corações e nos arrepender da idolatria que encontramos. O líder está orando por sabedoria? Devemos apresentar a Deus as situações em que entendemos que precisamos de discernimento. Assim, as palavras de uma pessoa tornam-se "a humilde súplica de centenas de almas crentes e arrependidas reunidas para derramar os seus co-

---

13 Derek Prime, *Practical Prayer* (1986, repr. Ross-shire, UK: Christian Focus, 2007), 119.

Orando juntos

rações perante o Deus da salvação".[14] E todo o povo de Deus disse: "Amém".

É claro que não podemos fazer nada disso por nossas próprias forças. Com a ajuda prometida do Espírito (Rm 8.26), devemos orar antes de orar, orar sobre orar e orar enquanto oramos. Como na conhecida ilustração do pato — na superfície, ele parece nadar com serenidade, mas, embaixo d'água, ele mexe os pés freneticamente —, os membros da igreja podem parecer passivos enquanto oram juntos, mas nos lugares invisíveis nós realmente estamos trabalhando muito.

Reuniões de Oração com Regularidade na Vida da Igreja

Alguns dos momentos mais gratificantes da minha vida ocorreram enquanto eu estava realizando projetos com minha igreja local. Na infância, eu amava ajudar na limpeza e na reforma da igreja, pegando os martelos e limpando os pincéis para os adultos. Na adolescência, eu e outros adolescentes varríamos as folhas no gramado das casas de viúvas no outono. Já adulta, viajei com membros da igreja para trabalhar no reparo de uma casa danificada por um furacão, de um acampamento cristão destroçado por um tornado e de um internato antigo voltado a adultos jovens. Sempre

---

14 Miller, *Thoughts on Public Prayer*, 36.

que terminávamos, nós, trabalhadores, apertávamos as mãos suadas e abríamos um sorriso cansado. Bom trabalho.

Às vezes, acho que é o que devemos fazer em nossa reunião de oração de quarta-feira à noite. Depois de uma hora de oração — uma hora de esforço para glorificarmos a Deus, para ajudarmos o próximo e para alcançarmos diversas coisas significativas para Cristo e seu reino —, poderíamos comemorar com lágrimas nos olhos. Bom trabalho. Com os incontáveis projetos que os membros da igreja realizam juntos,[15] certamente nenhum é mais importante do que a tarefa espiritual que sustenta toda boa obra. Precisamos de *reuniões de oração com regularidade na vida da igreja*.

Nos séculos anteriores, talvez eu não precisasse explicar o que quero dizer por *reunião de oração*. O que era uma prática comum, a "reunião de oração geral" ou a "reunião de oração social",[16] infelizmente desapareceu das igrejas modernas. A reunião de oração é uma reunião da igreja local com o objetivo de orar uns com os outros, dando a oportunidade àqueles que estão presentes de conduzir a oração. A reunião pode incluir leitura da Escritura, cânticos ou um período para que as pessoas sugiram tópicos para a oração, mas seu foco — e a maior parte do tempo gasto — é a ora-

---

15 Para uma fascinante (e edificante) pesquisa histórica sobre como as múltiplas atividades da igreja contribuíram para o declínio das reuniões de oração no século XIX, ver Charles D. Cashdollar, *A Spiritual Home: Life in British and American Reformed Congregations*, 1830-1915 (University Park, PA: Pennsylvania State University Press, 2000), 58-65.

16 Ibid., 59, 63.

Orando juntos

ção. Normalmente, isso significa que cada membro tem a sua vez de conduzir os outros em oração.

Em primeiro lugar, nossa reunião de oração tem um importante lugar na vida da igreja. Como já vimos nos capítulos 4 e 5, a oração corporativa é uma excelente maneira de o povo de Deus crescer em amor uns pelos outros e de discipular uns aos outros em santidade: "Há muitos membros, mas um só corpo" (1Co 12.20), e a reunião de oração da igreja expressa isso com muita beleza. As ações de graças de um fazem com que outros se lembrem de uma bênção relacionada; o louvor de um enseja mais motivos para o outro louvar; o que um pede outro pede também. Nós oramos uns pelos outros e oramos uns com os outros, permitindo o nascimento de novos grupos de oração. Nós somos o corpo.

Em segundo lugar, nossas reuniões de oração precisam *acontecer com regularidade*. Quando a reunião de oração acontece com regularidade, a importância da oração é afirmada. A igreja simplesmente tem trabalho demais a fazer para negligenciar a oração. Ela tem a enorme incumbência de adorar a Deus, amar as pessoas, fazer o bem e proclamar Cristo no mundo. Mas, sem reuniões de oração regulares, a igreja talvez só sinta a necessidade de orar juntos diante de uma crise iminente — ou pior, nunca. Com reuniões de oração regulares, a igreja reconhece que é continuamente dependente de Deus. A reunião de oração também é uma importante maneira de o povo de Deus lembrar-se das prioridades do reino fora da igreja local — clamando a Deus pelo sucesso das missões, pelo livramento dos que são perseguidos e pelo estabelecimento da Igreja em todos os lugares. E, por último, quando a reunião de oração acontece com regularidade, os membros frequentemente têm a oportunidade de conduzir a oração, o que permite que todos se sintam confiantes e tenham facilidade para orar em público.

Em terceiro lugar, nossas reuniões de oração precisam ser *públicas*. Com isso, quero dizer que as reuniões de oração devem ser uma reunião oficial da igreja, aberta a todos os que puderem frequentar. Certamente, é importante orar com os grupos de discipulado, com as equipes de ministério, com as classes de escola dominical ou com os amigos (vou falar sobre isso no próximo capítulo), mas a igreja é maior do que qualquer grupo e as orações devem refletir isso.[17] Reunimo-nos para orar como uma colônia do céu: uma comunidade formada por pessoas de diferentes idades, gêneros, etnias e dons. Os benefícios dessa prática foram defendidos de maneira comovente em um manual de 1835 para membros de igreja:

> [A reunião de oração] tende a manter vivo o espírito de devoção — demonstra, por meio das orações de tantos irmãos envolvidos, as pequenas variações e a uniformidade predominante da experiência cristã —, torna os ricos mais humildes através dos dons e da graça que os pobres re-

---

17 Pode fazer sentido prático para uma grande igreja realizar várias reuniões de oração — uma em cada cidade ou bairro onde os membros moram —, mas cada reunião deve estar aberta a todos.

Orando juntos

cebem — encoraja os pobres pela solidariedade, por confissões e reconhecimento dos ricos —, alegra o coração do pastor com as fervorosas súplicas de seu rebanho — fortalece as mentes dos membros — e pode trazer as bênçãos de Deus sobre a igreja que se une para orar e também sobre todos os que a igreja apresenta diante de Deus em oração com fé.[18]

Irmãos e irmãs, precisamos, regularmente, de reuniões de oração na vida da igreja.

Como Conduzir a Oração enquanto os Outros Oram

Se falar em público é o maior medo da população em geral, talvez o maior medo dos cristãos seja orar publicamente. Isso não é surpresa. Quando oramos juntos, o líder leva seus irmãos e irmãs a cumprir uma missão sagrada diante do trono do Deus Todo-Poderoso. Mas o temor do Senhor é o princípio do conhecimento (Pv 1.7), e reconhecer a grandeza da missão pode levar-nos a reconhecer a grandeza da ajuda que recebemos. Como dissemos no Capítulo 1, o cristão nunca ora sozinho. E o cristão nunca conduz os outros em oração sozinho, pois sempre conta com a promessa e a ajuda dos três: o Pai, que ouve, o Filho, que faz a mediação e intercede, e o Espírito, que auxilia.

---

18   Cashdollar, *Spiritual Home*, 59.

Confiante nisso, você pode dar os passos necessários (eu vou sugerir três) para conduzir melhor as pessoas em oração. Primeiro, esteja preparado. Existem diversos aspectos relacionados a isso. Sua prontidão para orar publicamente sempre começa com o hábito de orar sozinho com regularidade. Como escreveu Samuel Miller em *Thoughts on Public Prayer*: "Ninguém pode esperar alcançar a excelência na graça e no dom da oração numa assembleia pública, a menos que se dedique à devoção privada e à sagrada comunhão com Deus em secreto".[19] Para se preparar, você também deve estudar as orações na Escritura e prestar atenção às orações públicas dos crentes mais maduros. Além disso, você também deve refletir antecipadamente sobre o que pretende orar. Um versículo de sua leitura bíblica pessoal, a aplicação de um sermão que você ouviu recentemente, um campo missionário ou uma oportunidade evangelística específica, o sofrimento de um amigo ou as dificuldades de uma igreja podem tornar-se o assunto de sua oração. Além disso, você se prepara para orar ao decidir que, se houver a oportunidade, você vai aceitar. Se você não tem a intenção de orar, é provável que nunca ore.

Segundo, seja claro. Seu grande objetivo em conduzir as pessoas em oração é que elas orem com você. Jesus avisou seriamente contra divagações sem sentido (Mt 6.7), contra a hipocrisia e contra o orgulho (Mt 6.5). Sua oração

---

19 Miller, *Thoughts on Public Prayer*, 260-61.

Orando juntos

deve revestir-se de simplicidade e humildade, encorajando as pessoas a unir seus corações. Recomendo escolher um ou dois itens e orar completamente por eles de maneira breve; isso permite que as pessoas deem seu "Amém" aos pedidos e deixa um tempo livre para que outros conduzam. As palavras e frases de sua oração também devem ser claras; use a linguagem da Escritura e fale com naturalidade.

Terceiro, seja corporativo. Quando você conduz a oração pública, não está orando sozinho, mas com outras pessoas. Você está pedindo que elas se juntem a você para se apresentar diante de Deus e que façam de seus pedidos os pedidos delas. Por isso, você deve esforçar-se para usar as palavras no plural ("nós" e "nosso") e para orar por coisas que são comuns a todos.

Recentemente, em uma noite de quarta-feira, meu filho de 6 anos orou em voz alta em uma reunião de oração da igreja. Ele orou para que os missionários pregassem o evangelho, para que os muçulmanos confiassem em Cristo para a salvação e pela saúde dos enfermos de nossa congregação. Sua oração foi sincera, simples e muito curta. Era exatamente o que a igreja precisava. Irmãos e irmãs, até mesmo suas orações mais frágeis podem unir a igreja diante de Deus. Com a ajuda do Espírito Santo, você pode lembrá-los de uma verdade esquecida, estimulá-los a um desejo renovado ou movê-los a amar mais. No mínimo, sua oração fará com que orem juntos. E é exatamente disso que eles precisam.

A Verdade que Dizemos

Martyn Lloyd-Jones escreveu: "Nada existe que seja capaz de revelar tão bem a nossa realidade espiritual, como povo cristão que somos, do que a nossa vida de oração",[20] o que significa que nosso exigente, contracultural, invisível e desconfortável trabalho de oração é um excelente teste para saber qual é nossa atitude em relação ao Deus que nos chamou para orar. O mesmo poderia ser dito sobre as igrejas. A igreja local diz a verdade sobre sua condição espiritual como um corpo por meio de sua prática de orar em conjunto.

Irmãos e irmãs, nós temos o hábito de orar com a igreja?

---

20 D. Martyn Lloyd-Jones. *Estudos no Sermão do Monte*. São José dos Campos: Editora Fiel, 2017.

8 ORANDO COM UM COMPANHEIRO E COM UM GRUPO

Em um dormitório do *campus*, toda noite, desde o início do semestre, dois colegas de quarto inclinam suas cabeças para orar. Em uma sala de estar de um bairro de classe média, vizinhos se reúnem toda semana para orar pelo bairro e pela cidade. Em um auditório, centenas de cristãos de diversas igrejas da região se encontram para uma noite de oração por avivamento. Em um prédio comercial, colegas de trabalho chegam cedo para pedir graça ao Senhor pelo dia de trabalho. Nas escadas da prefeitura, cidadãos se reúnem para dar graças a Deus e interceder pela nação. No porão de uma escola do ensino fundamental, as mães se reúnem duas vezes por mês para orar pelos alunos e pela equipe escolar.

Orando juntos

Em uma reunião de estudos de livros, três pastores oram uns pelos outros e pelas igrejas que estão sob seus cuidados. No prédio de uma igreja, os cristãos da região se reúnem nas tardes de domingo para interceder pela igreja perseguida em todo o mundo. À mesa de um restaurante, quatro amigos oram com urgência por um diagnóstico de câncer que um deles acabou de receber.

Esses exemplos não são imaginários. Cada um deles aconteceu em minha vida ou em minha comunidade. Alguns estão acontecendo agora mesmo. Esses exemplos também não são exaustivos. Eu poderia acrescentar outros e creio que você também. Amigos de infância oram juntos com regularidade no telefone, grupos de discipulado dedicam parte de suas reuniões à oração e comunidades abaladas pela tragédia se reúnem para cultos de oração tarde da noite. As oportunidades que temos de orar com um companheiro ou com um grupo de pessoas são muitas. Algumas orações são a atividade de um grupo específico e comprometido de pessoas. Algumas orações são abertas a qualquer um que queira comparecer. Algumas orações são cuidadosamente planejadas, agendadas e focadas em preocupações específicas. Algumas orações são espontâneas, compelidas por uma necessidade repentina ou por algo que nos alegra. Algumas orações são anuais ou realizadas apenas uma vez ao ano. Algumas orações são feitas com frequência e regularidade, acontecem fielmente toda terça, todo sábado ou a cada primeira segunda-feira do mês. Em todos os momentos, em todos os lugares, entre todos os tipos de pessoas, os cristãos oram juntos.

No início deste livro, citei Dietrich Bonhoeffer: "Na verdade, orar em comunidade é a situação normal da vida cristã".[1] Essa tem sido a sua experiência? Neste capítulo, meu objetivo é encorajar as pessoas a orar umas com as outras na vida comum e cotidiana. Meu desejo é que a oração com nossos amigos e em nossas comunidades torne-se uma parte normal de nossa experiência cristã. Com esse objetivo, vamos considerar três importantes elementos da oração com um companheiro ou com um grupo — quem, o quê, quando (e onde) — e vamos descobrir novas oportunidades para orarmos juntos.

Quem: Encontrando uma Comunidade de Oração

No Capítulo 1, observamos que nosso relacionamento com Cristo nos leva a ter um relacionamento com todo mundo que está unido a ele. Somos ramos da mesma videira (Jo 15.5), pedras do mesmo edifício (1Pe 2.5) e partes do mesmo corpo (1Co 12.12). Somos vivificados juntos e estamos assentados juntos nos lugares celestiais (Ef 2:4-7). Portanto, nossos relacionamentos na terra devem refletir a vida espiritual que nós temos em comum. As pessoas que vivem ou trabalham juntas têm as mesmas tribulações e as mesmas alegrias. Cristãos que vivem ou trabalham juntos

---

1 Dietrich Bonhoeffer, *Life Together* (1954; repr. New York: Harper & Row, 1976), 62.

Orando juntos

podem levar essas coisas até Deus em oração. Em todas as esferas de nossa vida — com nossos vizinhos, colegas de trabalho, colegas de classe, colegas de time, membros do grupo da igreja e amigos[2] —, temos motivos para orar juntos.

Quando oramos juntos, também afirmamos nossa unidade em Cristo, mesmo quando temos convicções distintas. Sobre as reuniões de 1858, Samuel Prime escreveu:

> Cristãos de ambos os sexos, de diferentes denominações, sem a menor consideração por distinções denominacionais, reuniram-se em torno da irmandade em Cristo e dos laços da unidade cristã e, juntos, enviaram suas petições ao trono do doador celestial. Ninguém perguntava: "Qual é a igreja dele?". A pergunta era: "Ele pertence a Cristo?".[3]

Essa pergunta simples deve ser a nossa pergunta também. Podemos orar com todos os que conhecem o Pai, que nos ouve, que confiam no Filho Mediador e que são ajudados pelo Espírito.[4] Ainda que colegas de classe ou de trabalho interpretem passagens específicas da Escritura de

---

[2] Vamos examinar a oração em família no próximo capítulo.

[3] Samuel Prime, *The Power of Prayer: The New York Revival of 1858* (1859; repr. Carlisle, PA: Banner of Truth, 1991), 11.

[4] "Uma oração não pode ser verdadeira sem essas três pessoas." Robert Murray M'Cheyne, "Address after the Communion", citado por Andrew A. Bonar, *Memoir and Remains of the Rev. Robert Murray M'Cheyne* (Edinburgh: Oliphant, Anderson & Ferrier, 1894), 459.

maneiras distintas, ainda que discordem sobre determinados princípios teológicos e doutrinários, ainda que sejamos de igrejas com diferenças no culto e na forma de governo, todos que pertencem a Cristo podem orar juntos.

No início deste ano, nove igrejas em minha comunidade se reuniram para orar. Batistas, pentecostais e presbiterianos inclinaram suas cabeças lado a lado, unidos em oração, clamando pela glória de Deus e pelo derramamento do Espírito em nossa cidade. Nossas reais diferenças teológicas provavelmente não serão resolvidas deste lado do céu. Mas nossa vida em comum, nossas necessidades em comum e nosso Salvador em comum nos unem na presença de nosso Deus.

Se é bom orarmos em todos os nossos relacionamentos humanos, é especialmente agradável orarmos com regularidade com nossos melhores amigos. Como Provérbios nos ensina: "Em todo tempo ama o amigo, e na angústia se faz o irmão" (Pv 17.17). Nossos amigos participam de todas as nossas experiências humanas. Eles se alegram com nossas bênçãos. Eles choram com nossas perdas. Eles ouvem nossas histórias. Eles contam as suas histórias. Entre amigos, revelamos nossas fragilidades, pecados, desejos e esperanças. É muito apropriado, então, que levemos juntos todas essas coisas ao Senhor em oração! Como as orações de Daniel e seus três companheiros (Dn 2.17-18), ou de Paulo e seu amigo Silas (At 16.25), orar junto faz parte de uma amizade verdadeira.

Orando juntos

Certo verão, voltei da faculdade para passar as férias em casa e, inesperadamente, me senti deprimida. Sem meus colegas de classe e sem trabalhos para fazer, eu me senti inerte e sem rumo, e os longos dias enquanto meus pais trabalhavam me deixaram com uma sensação ainda maior de deslocamento. Então, a Sharon ligou. Ela me convidou para fazer duas coisas: caminhar toda manhã com ela por seis quilômetros e orar com ela enquanto caminhássemos. Naquele verão, ela provou na angústia que era minha irmã. Nos piores momentos, lado a lado, dia após dia, nós caminhávamos, conversávamos e, o mais importante, orávamos. Desde então, eu já caminhei e orei em outros bairros com outras amigas, e a relação sempre se torna mais forte quando, juntas, apresentamos nossas tristezas e alegrias ao Amigo que temos em comum e que ora por nós.

Irmãos e irmãs, com quem você poderia orar?

O Quê: Identificando o Foco da Oração

Na semana passada, visitei um pequeno grupo de nossa igreja que se reúne na sala de estar de um membro. Quando todos chegaram, nós fizemos um círculo: nas cadeiras, nos sofás, nos bancos e até no chão. Alguns minutos depois, o líder começou a reunião dizendo: "Quais são os pedidos de oração?". Então, as pessoas tiraram as tampas de suas canetas e começaram a fazer anotações no verso da folha de estudo da semana enquanto os membros diziam seus pedidos. Depois, nós oramos juntos pelos pedidos.

Tenho certeza de que, para a maioria de nós, esse é um cenário familiar. Em geral, começamos nossas orações identificando o que vamos pedir em oração. Orar é uma atividade com conteúdo — "um oferecimento dos nossos desejos" —[5] e nós precisamos identificar o que queremos antes de pedir. Em um grupo, em que nosso objetivo é a oração unida e sincera, o direcionamento prévio é especialmente útil. Aqui vamos falar de três abordagens: escolher um só assunto, orar sistematicamente pelos tópicos em uma lista ou receber pedidos de cada pessoa. Esses formatos não são mutuamente excludentes — eu já estive em reuniões de oração com essas três coisas —, mas cada um tem seu valor para, juntos, lançarmos sobre o Senhor nossos fardos.

Primeiro, podemos escolher antecipadamente um só assunto para ser o foco da oração. Isso permite que o assunto seja tratado com mais exaustão e que nossos corações estejam mais profundamente consagrados à causa. Na escolha do assunto, precisamos sempre lembrar que o próprio Deus determinou as prioridades de nossas orações. Nós nos chegamos ao Santo — o fundador do reino, o doador do pão, o perdoador do pecado, o derrotador de Satanás (Mt 6:9-13) — para pedir que faça as coisas que ele se alegra em fazer. Seguindo essa estrutura, podemos identificar uma necessidade específica, normalmente uma preocupação que

---

5 Westminster Shorter Catechism, *The Confession of Faith Together with the Larger Catechism and the Shorter Catechism with Scripture Proofs*, 3rd ed. (Lawrenceville, GA: Christian Education & Publications, 1990), Q&A 98.

Orando juntos

temos em comum com aqueles que oram conosco. Por exemplo, podemos escolher orar juntos:

- pela plantação de igrejas em um lugar específico;
- para que uma pessoa específica se converta a Cristo e seja salva;
- pela cura de um irmão ou de uma irmã em Cristo que está doente;
- para que determinados tipos de pecados que prevalecem em nossa comunidade sejam confessados e abandonados;
- ou para que nossos irmãos e irmãs perseguidos sejam vingados.[6]

Segundo, podemos orar de maneira sistemática por todo o grupo de oportunidades evangelísticas, igrejas e indivíduos. Nas epístolas do Novo Testamento, os apóstolos e as igrejas deliberada e constantemente "se lembram" uns dos outros em oração (Ef 1.16; Cl 4.18; 1Ts 1.2-3; 2Tm 1.3; Fp 1.4; Fm 4; Hb 13.3). Mas, infelizmente, com frequência esquecemos de orar por determinadas coisas e permitimos que situações familiares mais urgentes dominem nosso tempo de oração. Para nos ajudar a lembrar, podemos criar diretórios ou listas para cada:

---

6 "Voice of the Martyrs" publica mapas, boletins informativos, aplicativos e e-mails para orientar os cristãos a orarem pelas necessidades específicas da Igreja perseguida em todo o mundo. http://www.persecution.com.

- membro de nossa igreja local;
- morador, funcionário, estudante ou voluntário nos lugares em que moramos ou trabalhamos;
- igreja em nossa comunidade ou em nossa denominação;
- autoridade civil de nossa cidade, país, estado ou nação;
- missionário apoiado por nossa igreja local ou que trabalhe para uma organização específica;
- nação do mundo e pela igreja de cada nação.[7]

Por último, podemos orar juntos pelos pedidos pessoais de cada participante do grupo. Como já observamos no Capítulo 4, orar uns pelos outros — levar as cargas uns dos outros e alegrar-se com suas bênçãos — produz o fruto do amor mútuo. E, para orarmos uns pelos outros, precisamos conhecer as respectivas necessidades. Recentemente, conversei com uma mulher que estava receosa de pedir oração em seu grupo de estudo sobre uma preocupação significativa de sua vida. Ela me disse: "Sempre que começam os pedidos, eu quase começo a falar alguma coisa. Mas, então, acabo não falando. Talvez eu fale na semana que vem". Por mais que pedir uma oração possa nos causar uma sensação de desconforto, vergonha ou de que estamos sendo expostos, precisamos lembrar que isso é o que permite que

---

[7] Jason Mandryk, *Operation World*, 7th ed. (Downers Grove, IL: InterVarsity, 2010). Esse livro ajuda a organizar as nações e suas necessidades por oração como um guia prático para todos os dias do ano.

Orando juntos

as outras pessoas nos apresentem diante do trono e, consequentemente, é o que torna nosso relacionamento mais profundo. O próprio apóstolo Paulo frequentemente incluía pedidos de oração em suas cartas: que ele tivesse oportunidades evangelísticas (Cl 4.3), que pudesse visitar os crentes da Tessalônica (1Ts 3.10), que seu ministério fosse bem-sucedido (2Ts 3.1) e que pudesse ver seu amigo Filemom (Fm 22). Se Paulo não teve receio de pedir oração, nós também não devemos ter.

Mas, às vezes, nossos pedidos de oração perdem o rumo. O momento para pedir orações torna-se um momento de fofoca sobre os membros da igreja. Os pais usam as orações como desculpa para revelar os pecados secretos de seus filhos. Cônjuges usam as orações para reclamar uns dos outros. Alguns pedidos são excessivamente vagos e outros contêm detalhes demais. As tribulações tornam-se murmurações. As bênçãos tornam-se ocasiões para se gloriar.

Antes de fazer um pedido, precisamos nos perguntar:

• Esse pedido é algo que posso esperar que Deus me conceda? Eu tenho razões bíblicas para acreditar que meu desejo está de acordo com a vontade revelada de Deus? Posso pedir que outras pessoas digam "Amém" ao meu pedido?

• Todos os que estão presentes podem saber desse pedido? Ao fazer esse pedido, estou expondo os pecados e as preocupações secretas de alguém? Esse pedido encorajará o amor genuíno por Deus e pelo nosso próximo?

Por outro lado, devemos receber as preocupações genuínas das pessoas com amor. Pecadores salvos pela graça não têm espaço para justiça própria. Até mesmo os pedidos imperfeitos e imaturos são oportunidades para levarmos as cargas dos irmãos e irmãs de Cristo. Não sejamos como os discípulos que pensaram que as necessidades das crianças eram pequenas demais para a oração de Jesus. Sejamos como Jesus, que vivia de acordo com o reino eterno e orava com entusiasmo pelos membros mais fracos (Mt 19.13-15).

Se estamos orando juntos com um foco específico, com um plano sistemático ou de acordo com os pedidos que vão sendo feitos, nossa tarefa parece enorme. Nunca é possível orarmos juntos por tudo. A vasta quantidade de coisas que precisam de oração podem rapidamente assustar uma dupla de amigos ou um pequeno grupo de colegas de trabalho que fazem uma breve oração em uma manhã de sexta-feira. Irmãos e irmãs, não fiquem desencorajados! Nossas orações são apenas uma preciosa gota naquela taça celestial que contém todas as orações do povo de Deus, de Adão aos nossos dias (Ap 5.8). Nossas orações são apenas uma nota naquele gemido do Espírito diante do Pai (Rm 8.26). E nossas orações são apenas um "Amém" naquela perfeita petição que o Filho nunca deixa de fazer a Deus por nós (Hb 7.25).

Orando juntos

Nossa própria lista de oração é sempre imperfeita, mas os pedidos que estão diante do trono nunca falham.

Irmãos e irmãs, apesar de nossas fraquezas e de nossas falhas, cada pedido que fazemos juntos diante do Pai, em oração, pela ajuda do Espírito, através do sangue do Filho, é um meio de Deus realizar seu perfeito propósito neste mundo.

Quando e Onde: Encorajando uma Cultura de Oração

No dia 22 de agosto de 1727, em um lugar que hoje é a Alemanha, membros da Igreja Moraviana decidiram "dedicar determinados horários ao propósito da oração, para que todos sejam lembrados de sua excelência e, pela promessa que há para aqueles que oram fervor e perseverança, sejam compelidos a derramar seus corações diante do Senhor".[8] Eles organizaram uma vigília de oração durante as 24 horas do dia com homens e mulheres que se voluntariaram para orar a cada hora do dia. Essa prática permaneceu por cem anos.

Como seus organizadores esperavam, a "Intercessão de Hora em Hora" estabeleceu a oração como uma prioridade para a comunidade inteira. Além das orações de hora em hora, toda noite cada membro da igreja se encontrava com

---

8 *The Memorial-Days of the Renewed Church of the Brethren* (Ashton-under-Lyne, UK: T. Cunningham, 1822), 131.

um companheiro de oração designado.[9] Os amigos eram encorajados a "cultivar um relacionamento íntimo, a orar juntos e a agir, em todos os sentidos, como amigos íntimos".[10] E a congregação promovia dias especiais de oração com regularidade, ou para agradecer juntos no aniversário de uma bênção ou para interceder juntos por uma necessidade específica.[11] Hora após hora, dia após dia, nas casas de campo e nas salas de reuniões, as pessoas oravam juntas.

Nós também podemos promover uma cultura de oração, tanto com orações de hora marcada como por meio das orações espontâneas. Primeiro, precisamos de horários marcados para orar. Os Moravianos fizeram da oração uma parte essencial do dia, a Igreja primitiva se reunia "diariamente" (At 2.46) e nós também precisamos designar um horário para orar. Seja pela manhã ao telefone com uma amiga ou na terceira terça-feira do mês no parque, com as mães do bairro, quando oramos juntos com regularidade, somos lembrados de sua importância e disciplinados pela prática constante. Em uma cultura que é apaixonada pela espontaneidade e pela suposta autenticidade, é importante entender que, para, instintivamente, começarmos a orar

---

9   Ibid., 138.

10 Ibid., 110.

11 Ibid., 123.

Orando juntos

juntos em todos os momentos do dia, precisamos criar esse hábito.[12]

Segundo, precisamos orar juntos espontaneamente. Não deve ser algo que fazemos somente uma vez por semana, mas todos os dias, e não apenas dentro do prédio da igreja, mas em todos os lugares.

Ore e Fique Atento

Certa vez, uma amiga me disse que, quando ela estava no campo missionário, orava toda manhã por "oportunidades evangelísticas", para que o Senhor colocasse em seu caminho pessoas famintas pelo evangelho. Ao longo do dia, enquanto ela realizava suas tarefas, buscava a resposta do Senhor. Invariavelmente, ela conversava com pessoas que, de outro modo, ela ignoraria e, deliberadamente, falava de Cristo com elas. Sua oração diária tinha dois resultados: o Senhor criava as oportunidades e abria seus olhos, para que ela fosse capaz de enxergá-las.

E se orássemos por "oportunidades de oração"? E se diariamente buscássemos momentos ordenados por Deus para que orássemos juntos? Pela oração, podemos descobrir

---

[12] É interessante notar com que frequência as reuniões de oração das crianças e dos jovens faziam parte da vida da igreja nas gerações anteriores. Jonathan Edwards fez um estudo das reuniões de oração das crianças em suas reflexões sobre o reavivamento; os filhos dos morávios organizavam sua própria vigília de oração por hora; Robert Murray M'Cheyne relatou que cinco das 39 reuniões de oração em sua cidade foram "realizadas e assistidas inteiramente por crianças pequenas"; e pelo menos um manual voltado especificamente às reuniões de oração dos jovens foi publicado no século XIX. O cristianismo contemporâneo poderia aprender com esse exemplo. Certamente, se nossos filhos e adolescentes orassem juntos regularmente enquanto estão crescendo, muitos desenvolveriam a prática, ao longo da vida, de se unir ao Senhor. Essa atividade, tão incômoda quando praticada pela primeira vez na fase adulta, já seria um hábito familiar para aqueles que oram frequentemente com seus pares desde os primeiros louvores (Sl 8.2).

que, em uma amizade, em uma reunião de estudo bíblico, em uma ligação telefônica ou um quarto de hospital, há oportunidade para se reunir diante do trono.

Irmãos e irmãs, "busquem oportunidades favoráveis de oração".[13]

---

13 Edward Bickersteth, *A Treatise on Prayer: Designed to Assist in Its Devout Discharge* (Schenectady, NY: A. Van Santvoord & M. Cole, 1822), 214.

9 ORANDO COM FAMILIARES E CONVIDADOS

A avó do meu marido sorriu ao nos ver, mesmo tentando conectar as palavras para que fizessem algum sentido. Com seus 93 anos, ela segurava a cadeira com seus dedos frágeis e suas lembranças escapavam da mente. "Deus", começou a dizer. Nós tentávamos encorajá-la acenando com a cabeça nos momentos de silêncio, até que ela disse: "Deus... realizou... tantas coisas". Ela suspirou aliviada depois do esforço para dizer algo que podíamos entender. Um minuto depois, ela tentou dizer outra frase: "Meus pais...". Depois de uma longa pausa para se recuperar, ela acrescentou: "Nós... orávamos... todos os dias".

Orando juntos

Os pais da avó de meu marido podem ter sido pouco notáveis neste mundo, mas eram regularmente recebidos nas audiências do céu. E sua filha ainda se lembrava daquelas orações em família, após quase cem anos. Depois de crescer orando, ela passou a orar com o marido e os filhos. Então, aqueles sete filhos passaram a orar com suas famílias e, em uma delas, meu marido aprendeu a invocar o nome do Senhor. Agora, somos nós que oramos juntos, e nossos filhos são a quinta geração a oferecer seus desejos diante do trono. O hábito de uma casa tornou-se a prioridade de muitas.

O objetivo deste capítulo é encorajar-nos a orar em casa com nossos familiares. É claro que muitas coisas que já consideramos no último capítulo sobre orar com um companheiro e com um grupo se aplicam à oração no lar. Um cônjuge é um companheiro natural de oração; uma família com filhos é um grupo natural de oração. Se já oramos com amigos e colegas de trabalho, devemos orar mais ainda com as pessoas de nossa casa. Em casa, descalços e com os cabelos bagunçados, inevitavelmente colocamos em prática as verdadeiras prioridades de nossos corações. A prática de orarmos juntos deve ser uma dessas prioridades. Com esse objetivo, vamos falar sobre a oração com os membros da família, especialmente com nossos cônjuges e filhos. Depois, vamos falar sobre a oração com aqueles que nos visitam, como um ato de hospitalidade e como um elemento de evangelismo.

Irmãos e irmãs, os casamentos e as refeições são santificados pela oração (1Tm 4.1-5).

Orando com seu Cônjuge

"Se só houvesse dois seres humanos na face da terra e se eles tivessem corações santificados, teriam o desejo de orar juntos."[1] Com essas palavras, o pastor e teólogo do século XIX, J. W. Alexander, fundamentou seu argumento em defesa do culto doméstico regular. Como um povo cujos membros se relacionam uns com os outros e com o Deus triúno, como um povo que tem a obrigação de cumprir os mandamentos de Deus, compelidos por suas promessas, nós temos o desejo de orar.[2] Um homem e uma mulher que foram comprados pelo sangue de Cristo e estão unidos em matrimônio devem conversar juntos com seu Deus.

Quando consideramos o que a Bíblia ensina sobre casamento, não nos causa admiração ver que a Escritura parte do pressuposto de que os maridos oram regularmente com suas esposas. Pedro dá a seguinte instrução: "Igualmente vós, maridos, coabitai com ela com entendimento, dando honra à mulher, como vaso mais fraco; como sendo vós os seus coerdeiros da graça da vida; para que não sejam impedidas as vossas orações" (1Pe 3.7). Robert Leighton,

---

[1] James W. Alexander, *Thoughts on Family Worship* (1847; repr. Morgan, PA: Soli Deo Gloria, 1998), 2.

[2] Ver Capítulos 1-3.

Orando juntos

teólogo do século XVII, fez o seguinte comentário sobre essa passagem:

> Ele [Pedro] assume que os cristãos oram com frequência; ele pressupõe que os herdeiros não podem viver sem oração. Essa é a respiração e a linguagem dos herdeiros [...] Se eles estão sozinhos, oram sozinhos; se eles coabitam juntos, oram juntos.[3]

Nas instruções de Pedro, vemos que a prática da oração corporativa é normal no casamento "diante de Deus" (1Pe 3.4; cf. 3.12). Como maridos cristãos e esposas cristãs, nós nos alegramos com o sucesso do outro, consideramos as necessidades do outro e suportamos os pecados do outro, a fim de apresentarmos essas coisas ao Senhor em oração. O amor que temos um pelo outro e por nosso Deus é expresso nas orações que realizamos juntos e, quando oramos juntos, o amor que sentimos um pelo outro inevitavelmente cresce.[4]

Mas, se seu casamento é parecido com o meu, o tempo é essencial. A maioria dos casais tem listas, calendários e agendas cheias de responsabilidades: a coleta do lixo, o estudo bíblico, as compras no supermercado, o dentista, a carona solidária, o treino de futebol, a viagem de

---

3 Robert Leighton, *An Obedient and Patient Faith: An Exposition of 1ˢᵗ Peter* (1693-1694; repr. Amityville, NY: Calvary Press, 1995), 258.

4 Ver Capítulo 4, "Amor".

negócios. Administrar uma casa exige mais energia do que a maioria dos casais é capaz de oferecer. Assim, a prática de orar juntos acaba ficando para o final da lista de *Coisas para Fazer Depois*. Em meio ao turbilhão da vida, quando teremos tempo para orar juntos? E será que isso é realmente tão importante assim?

Esse não é um problema moderno. As pessoas sempre se deixaram levar pela comida, pela bebida e pelas vestimentas (Mt 6.25-31), sempre relegando as obrigações espirituais a segundo plano. Como muitos de nós, os membros da Igreja do primeiro século também estavam confusos sobre as prioridades do casamento. E o Senhor, por intermédio do apóstolo Paulo, esclareceu: "Não vos priveis um ao outro, salvo talvez por mútuo consentimento, por algum tempo, para vos dedicardes à oração e, novamente, vos ajuntardes, para que Satanás não vos tente por causa da incontinência" (1Co 7.5). Primeiro, ele afirma o valor da intimidade física no casamento: "Não vos priveis um ao outro". Embora a diversão e o prazer possam parecer opcionais na vida de um casal ocupado, Deus projetou o casamento para que fossem atividades essenciais. *Não* vos priveis um ao outro. Mas, por mais importante que seja, há uma coisa que o Senhor ocasionalmente permite que interfira na intimidade sexual: "salvo... para vos dedicardes à oração". É tão importante que o casal ore junto que, se o tempo e a energia estão em

Orando juntos

falta, todas as outras obrigações devem ceder, dando lugar à oração.[5]

A Confissão de Fé de Westminster corretamente nos exorta a adorar "em família, diariamente".[6] Se você e seu cônjuge acordam cedo, orem juntos imediatamente depois de acordar. Se você costuma ver televisão ou trabalhar em projetos até tarde da noite, orem juntos antes de ir para a cama. Se vocês comem juntos, vão juntos para o trabalho ou conversam ao telefone no fim da tarde, escolham uma dessas ocasiões para orar. E, se vocês têm filhos que moram em sua casa e já oram com eles todos os dias, você deve reservar um horário semanal à parte para orar somente com seu cônjuge. À medida que as necessidades forem surgindo — como acontece em todo casamento —, faça orações espontâneas com seu cônjuge. Em meio às preocupações, às riquezas e aos prazeres da vida, o marido e a mulher devem praticar juntos as prioridades do céu, do qual são coerdeiros.

---

5 D. A. Carson, *A Call to Spiritual Reformation: Priorities from Paul and His Prayers* (Grand Rapids, MI: Baker, 1992), 113-14.

6 Westminster Confession, *The Confession of Faith Together with the Larger Catechism and the Shorter Catechism with Scripture Proofs*, 3rd ed. (Lawrenceville, GA: Christian Education & Publications, 1990), 21.6. A adoração em família geralmente inclui mais do que apenas oração. Cantar, ler a Bíblia, discutir e aplicar as Escrituras, e até mesmo catecismo e treinamento em memorização da Bíblia, todos esses são elementos importantes. Outros escritores — J. W. Alexander e, mais recentemente, Terry L. Johnson — têm abordado, de forma abrangente, o tema do louvor em família. Aqui, a oração será nosso único foco.

Orando com seus Filhos

Karis é uma menina de 5 anos da minha igreja. Ela tem doença de Krabbe, a qual, progressivamente, vai destruindo a mielina nas células nervosas, razão pela qual ela não consegue andar ou falar. Ela também tem uma alma que nunca morrerá.[7] É difícil saber quanto Karis entende, mas seus olhos castanhos se abrem para qualquer um que tenha o privilégio de se sentar ao lado de sua cadeira de rodas e conversar com ela. Todos os dias, seus pais oram com ela. Eles oram para que ela seja curada com um senso de urgência maior do que a maioria de nós já foi capaz de sentir, mas o bem-estar físico da Karis não é o único objetivo de suas orações. Eles também oram pela alma da Karis e por suas próprias almas. Em seguida, eles pegam a lista de pedidos de oração da igreja, e Karis e seus pais oram juntos, item por item, pelas necessidades dos santos, diante do Pai celestial. Na eternidade, muitos vão agradecer por suas orações.

Como pais cristãos, nossa primeira responsabilidade em relação aos nossos filhos é orar *por eles na frente deles*. Nossos filhos precisam ouvir nossas orações e precisam ouvir-nos colocando-os diante de Deus em oração. Quando Jesus, o Deus-homem, esteve na terra, os pais também levavam seus filhos até ele: "Trouxeram-lhe, então, algumas crianças, para que lhes impusesse as mãos e orasse; mas os discípulos os repreendiam. Jesus, porém, disse: Deixai os

---

[7] *Catechism for Young Children: An Introduction to the Shorter Catechism* (repr. Lawrenceville, GA: Christian Education & Publications, 2004), Q&A 19.

Orando juntos

pequeninos, não os embaraceis de vir a mim, porque dos tais é o reino dos céus. E, tendo-lhes imposto as mãos, retirou-se dali" (Mt 19.13-15). Infelizmente, com frequência reduzimos essa cena em nossa mente a uma ilustração de um livro de historinhas: as mães estão sorridentes e os pais estão preparando os filhos para a foto, como se Jesus fosse uma celebridade. Essas crianças não estavam fisicamente doentes, então algumas pessoas podem pensar que os pais estavam pedindo para ele realizar um ritual bonito — um gesto simbólico do amor de Jesus pelas crianças em geral. Mas não era isso.

Irmãos e irmãs, aqueles pais provavelmente estavam desesperados.[8] No entanto, embora alguns tenham levado seus filhos até Jesus, muitos não o fizeram. Precisamos reconhecer que os pais que pediram que Jesus orasse por seus filhos estavam tão determinados quanto os amigos do paralítico que o desceram no leito, por entre os ladrilhos (Lc 5.17-26), ou o homem que tinha um filho que estava possuído por um demônio e *implorou* que Jesus o libertasse (Lc 9.37-43). Aquelas mães e aqueles pais não estavam desafiando os discípulos irritados para tentar chegar perto de Jesus porque queriam simplesmente uma lembrança do passeio. Eles estavam conduzindo as preciosas almas de

---

[8] "Mas, para os santos, a ocasião que mais os estimula a invocar a Deus é quando, angustiados por suas próprias necessidades, eles são perturbados pela inquietação e são quase expulsos de seus sentidos, até que a fé venha oportunamente, para seu alívio." João Calvino, *Institutas da Religião Cristã*. São José dos Campo: Editora Fiel, 2018.

seus filhos, mortos no pecado, para o único hospital que tinha a cura.

Quando nossos filhos foram batizados, meu marido e eu prometemos "orar com eles e por eles".[9] Esse não é um detalhe pequeno. Não se trata de uma mera oração de boa-noite ao lado da cama da criança ou de um mero agradecimento na mesa de jantar antes de a comida esfriar — embora essas orações também façam parte. Significa enfrentar as inconveniências para que nossos filhos tenham um encontro com o Salvador dos pecadores. Significa ter fé e persistência diante de todos os obstáculos. Significa clamar em alta voz, pedindo que Cristo faça por suas almas o que não somos capazes de fazer. É conduzi-los até Jesus para que ele ore por eles. Como no caso dos pais inoportunos de Mateus 19, significa desesperar-se.

E experimentar isso sempre impressionará as almas de nossos filhos. Como Terry Johnson escreveu: "Nossos filhos devem crescer com a voz do pai, clamando por suas almas, ecoando em seus ouvidos, ou conduzindo-os à salvação, ou assombrando-os pelo resto da vida".[10] De manhã e de noite, à mesa do café da manhã, no carro e na hora de dormir, nossos filhos precisam ouvir-nos orando por eles com um senso de urgência.

---

9 *The Book of Church Order of the Presbyterian Church in America*, 6th. ed. (Lawrenceville, GA: Office of the Stated Clerk of the General Assembly of the Presbyterian Church in America, 2006), 56.5.

10 Terry L. Johnson, *The Family Worship Book: A Resource Book for Family Devotions* (1998; repr. Fearn, Ross-shire, UK: Christian Focus, 2009), 10.

Orando juntos

Contudo, não é suficiente simplesmente orar por nossos filhos na frente deles. Também temos o dever de ensiná-los a orar por si mesmos. Diante do trono de Deus, as orações das crianças crentes são mais do que bem-vindas — são essenciais. Isso foi enfatizado por Jesus, usando as palavras de Salmos 8, no contexto da Entrada Triunfal:

> Mas, vendo os principais sacerdotes e os escribas as maravilhas que Jesus fazia e os meninos clamando: Hosana ao Filho de Davi!, indignaram-se e perguntaram-lhe: Ouves o que estes estão dizendo? Respondeu-lhes Jesus: Sim; nunca lestes: Da boca de pequeninos e crianças de peito tiraste perfeito louvor? (Mt 21.15-16)

Jesus não ouve somente a oração das criancinhas; ele ordenou seus louvores desde toda a eternidade. Nossas orações quando éramos crianças, cada oração de nossos filhos e as orações das gerações que ainda hão de nascer repreendem os inimigos de Deus e dão testemunho público da glória de Deus.

Uma das melhores formas de encorajar nossos filhos a orar é ensinando-os nos momentos diários de oração em família. Como vimos no Capítulo 5, boa parte do que aprendemos sobre oração foi ouvindo as orações de outras pessoas. Quando os pais oram com seus filhos, os pequeninos aprendem — até inconscientemente — os padrões, as prioridades, a linguagem e a atitude da oração. Mas as crianças pequenas também se beneficiam quando são diretamente instruídas sobre como orar. Em seu tempo, Jonathan Edwards defendeu enfaticamente o direito de as crianças orarem, mesmo quando suas orações sinceras parecem não fazer sentido para os adultos. Contudo, ele escreveu que "é apropriado que as crianças sejam instruídas e orientadas pelos pais e pelos pastores, que devem corrigir a conduta imprudente e as irregularidades, caso sejam percebidas".[11]

Assim que nossos filhos aprendiam a falar, meu marido e eu consideramos útil conduzi-los em oração sussurrando frase por frase em seus ouvidos, para que eles repetissem ao Senhor. Com o tempo, pedíamos que eles sugerissem as próprias declarações de louvor e as próprias petições, e, então, os ajudávamos a montar as frases. Por fim, eles começavam a orar de forma independente, guiados pela lista de louvores, ações de graças, confissões e súplicas que já tínhamos discutido.[12] Dessa maneira, tenho o privilégio diário de ser conduzida à Jerusalém celestial pelos hosanas das crianças.

Nós temos grandes motivos para esperar que Deus responda às orações que fazemos com nossos filhos e por eles, concedendo-lhes fé salvífica (At 2.39). E a prática de

---

11 Jonathan Edwards, "Some Thoughts Concerning the Revival", *Works of Jonathan Edwards*, v. 4, *The Great Awakening*, ed. C. C. Goen, *WJE Online*, acesso em 18 abr. 2015. Disponível em http://edwards.yale.edu/archive?path=aHR0cDovL2Vkd2FyZHMueWFsZS5lZHUvY2dpLWJpbi9uZXdwaGlsby9nZXRvYmplY3QucGw/Yy4zOjYud2plbHw==.

12 Ver Capítulo 8, 108-11.

Orando juntos

orar com eles regularmente — diariamente! — tem imenso valor:[13]

- demonstra para as crianças que orar é vital;
- treina as crianças na teologia, no raciocínio piedoso e na prática da piedade;
- lembra aos pais que seus filhos têm almas;
- afirma que, como filhos do Pai celestial, os pais e os filhos têm a mesma identidade espiritual fundamental;
- une as famílias por um amor mútuo e longânime quando, juntos, confessam seus pecados;[14]
- torna os pais e os filhos mais humildes pelo reconhecimento de que são incapazes de atender às próprias necessidades.
- consola as famílias em meio ao sofrimento e à tribulação.
- orienta as famílias em meio às bênçãos e à alegria.
- disciplina os pais e os filhos para que tenham o hábito de orar com regularidade.
- reforça e proclama as prioridades espirituais de um lar cristão.

Irmãos e irmãs, vamos levar nossos filhos a Jesus.

---

[13] Para muitos tópicos dessa lista, estou em débito com Alexander, *Thoughts on Family Worship*.

[14] "Essa confissão habitual, periódica e mútua, de manhã e à noite, de suas enfermidades, seu orgulho, seu egoísmo, sua impaciência e sua pecaminosidade, tende a também suavizar o que é severo e proibido, e tem a finalidade de uni-los." Edward Bickersteth, *A Treatise on Prayer: Designed to Assist in Its Devout Discharge* (Schenectady, NY: A. Van Santvoord & M. Cole, 1822), 162.

Orando com Nossos Convidados

Um hindu e um cristão entraram em nossa casa. Eles eram novos amigos — alunos da Índia que agora moravam perto de nós. Nós os convidamos para jantar. Nós comemos biryani de frango e contamos histórias sobre a família, sobre viagens e sobre um curry tão apimentado que não era possível respirar. Nós também oramos. Nós oramos antes de comer, agradecendo ao Senhor, aquele que dá o pão de cada dia, e também oramos em nosso horário normal de culto doméstico depois do jantar. Eles passaram somente algumas horas em nossa casa, mas foram embora sabendo do nosso amor por eles e, mais importante, do nosso amor pelo Senhor.

Já falamos sobre como devemos orar com nossos cônjuges e nossos filhos. Agora vamos falar sobre como essa prática se estende àqueles que nos visitam. Não importa se estamos recebendo amigos só para um café ou se eles vão passar o fim de semana em nossa casa, as orações que fazemos juntos renovam os corações dos santos e servem de testemunho para os que não são convertidos.

Quando nossos convidados são irmãos em Cristo, orar deve ser um componente da hospitalidade que Deus repetidamente nos manda exercer (Rm 12.13; Hb 13.2; 1Pe 4.9). Como escreveu Alexander: "Talvez nós estejamos prontos para fazer com que nossos hóspedes se sintam confortáveis. Há comida, bebida e um lugar para dormir. Mostramos as maravilhas do lugar em que moramos e convidamos nos-

Orando juntos

sos amigos para entretê-los. Mas, além de tudo isso, temos uma obrigação para com suas almas".[15] Para nossos hóspedes, orar juntos é um lar longe do lar. Eles não podem orar com suas próprias famílias, então nós os convidamos para orar com a nossa. Em contrapartida, nada poderia ser menos hospitaleiro do que compartilhar com os hóspedes os recursos físicos de nossa casa e, ao mesmo tempo, excluí-los da fonte de sustento espiritual!

Orar antes de comer é provavelmente a maneira mais óbvia de orar com aqueles que nos visitam. Certamente, era a prática da Igreja primitiva, — "tomavam as suas refeições com alegria e singeleza de coração" (At 2.46) — e nós não podemos ser negligentes. Sempre que partimos o pão, devemos dar graças a Deus pelo pão, não importa quem sejam nossos companheiros de jantar. Nossas orações servem de encorajamento para nossos hóspedes crentes e são sermões vivos para os incrédulos. Jesus orou antes de sua refeição pós-ressurreição com dois de seus discípulos (Lc 24.30) e Paulo orou antes de sua refeição no navio, na presença de duzentos marinheiros pagãos (At 27.35-37). Quando a igreja em Atos se dedicava a comer e a orar juntos, "acrescentava-lhes o Senhor, dia a dia, os que iam sendo salvos" (At 2.47). Quem sabe que impacto terá o nosso reconhecimento sincero de Deus na vida daqueles que comem conosco?

---

15 Alexander, *Thoughts on Family Worship*, 70.

Nós também devemos convidar aqueles que nos visitam para os momentos de oração em família. Para os incrédulos, essa é uma oportunidade singular de testemunhar o evangelho. Com frequência, em nossas conversas com aqueles que não são cristãos, os termos da discussão são estabelecidos por eles: "Você realmente acredita que a homossexualidade é um pecado?", "E o aborto?", "Você é contrário ao controle de natalidade?", "O que você acredita sobre a evolução, sobre a mudança climática e sobre a visão da Igreja sobre a mulher?". Essas são perguntas válidas, e a Escritura tem respostas substanciais para cada uma delas. Mas nenhuma delas lida com a questão principal: a responsabilidade que todo ser humano tem de se submeter ao Deus triúno. Quando estamos em nossas casas, na hora da oração, temos liberdade para estabelecer os termos de nossa interação e focar nas verdadeiras prioridades do coração do cristão. Depois de alimentar o corpo de nossos amigos, nós oferecemos pão para a alma. Enquanto oramos, proclamamos aos nossos convidados — e lembramos a nós mesmos! — que somos seres espirituais, que temos a obrigação de adorar a Deus e de nos chegar a ele somente por meio do sangue de Cristo. Assim como as orações de Estêvão certamente ecoaram nos ouvidos de Saulo (At 7.58-60; 22.20) e as orações de Saulo — agora Paulo — certamente ecoaram nos ouvidos do carcereiro de Filipos (At 16.25, 30), o testemunho das orações de nossa família pode conduzir muitos à salvação. Um dia, podemos encontrar aqueles que convida-

Orando juntos

mos para jantar sentados ao nosso lado, na grande ceia das bodas do Cordeiro.

Irmãos e irmãs — sem hesitar ou nos desculpar, pelo bem de nossas famílias e daqueles que nos visitam, em obediência à Palavra, para a glória de Deus —, vamos orar juntos em nossas casas.

conclusão

Nos capítulos que você leu, contei muitas histórias.
Temos a história da oração dos índios e também a da oração do brigão. Eu contei uma história sobre uma pequena mulher que começou um grande avivamento e outra sobre um grupo de crianças que ensinou os adultos a orar. Falei sobre os adolescentes que oravam nas casas e sobre a igreja rural que se reunia nas noites de quarta-feira para orar. Até contei uma ou duas histórias sobre meus próprios filhos.

Talvez você tenha lido essas histórias e tenha pensado que me esqueci de algumas. Eu não falei sobre George Müller e as orações em seu orfanato. Eu não falei sobre

Orando juntos

Amy Carmichael e as orações dos missionários na Índia. Eu não falei sobre os alunos da Universidade de Oxford — George Whitefield e os irmãos Wesley — que oravam juntos todos os dias às seis da manhã, nem mencionei a reunião de oração do Tabernáculo Metropolitano no tempo de C.H. Spurgeon.

Essas histórias são ótimas, provavelmente você nunca tinha ouvido aquelas que contei sobre os santos em oração. Eu fiz isso de propósito. É muito fácil lermos sobre os famosos que oravam e pensar que suas reuniões de oração são diferentes. Mas você e sua família, você e seus amigos, você e sua igreja também são instrumentos de Deus para mover o céu e a terra.

Durante a Guerra Civil Americana, um capelão do hospital relatou:

> Seus corações certamente seriam tocados se vocês pudessem ver aqueles homens que vêm para nossas reuniões de oração. Alguns andam de muletas, outros de bengala; alguns têm ataduras em volta da cabeça; alguns estão com os braços quebrados, outros quebraram as pernas; alguns estão cegos, alguns estão doentes — doentes demais para sair da cama, mas se arrastam até a reunião de oração porque estão tão

CONCLUSÃO

ansiosos pelo assunto religião que não conseguem manter-se longe.[1]

Irmãos e irmãs, nós mancamos até as reuniões de oração com nossas muletas. Nós temos a dor de saber que nossa fé, nossa obediência e nossas orações não são o que deveriam ser. Mas, enquanto caminhamos lentamente pelo corredor, de todos os lados, vemos uma procissão de feridos chegando para orar. Nós nos juntamos a eles não porque somos saudáveis, mas porque somos doentes; não porque somos ricos, mas porque somos pobres; não porque somos poderosos, mas porque conhecemos aquele que é. Nós coxeamos juntos até a reunião de oração e descobrimos — a alegria das alegrias! — que o próprio Cristo estava nos esperando (Mt 18.20).

Orar em conjunto é para você, meu irmão, minha irmã. Você que sofre, talvez você seja o próximo a dar início a um avivamento ao convidar amigos para orar ao lado de sua cama. Você, pequenino, talvez faça parte daquela longa linhagem de crianças comuns cujas orações deixaram os adultos de joelhos. Você, querida igreja, talvez esteja na companhia de homens e mulheres de oração cujos nomes desaparecerão por completo dos livros de história, mas que serão eternamente lembrados no céu.

Irmãos e irmãs, vamos orar.

---

[1] J. B. Johnston, *The Prayer-Meeting and Its History, As Identified with the Life and Power of Godliness, and the Revival of Religion* (Pittsburgh: United Presbyterian Board of Publication, 1870), 209.

agradecimentos

Graças a Deus

por Rob, coerdeiro comigo da graça da vida, que afiou com ferro minha maneira de pensar e aqueceu meu coração com seu encorajamento;

por meus pais, Brad e Patsy Evans, que me ensinaram a orar, e por Carol Norman, que deu continuidade à minha educação;

por meus filhos, Brad, Caleb e Nathan, que me levam diariamente ao trono com suas pequenas vozes e grandes orações;

Orando juntos

por Nathan Lee, Carol Hill e Rob, e por meu pai, que leram e aprimoraram todos os meus rascunhos, e também por Guy Waters, que sugeriu os retoques finais;

por Melissa Kruger, pois, sem a sua sabedoria e generosa amizade, a seção "Perguntas para Estudo" nunca teria sido escrita;

por Lindsey Carlson, que me disse que não sou J. I. Packer, mas, mesmo assim, me incentivou;

por Gloria Furman, Kathleen Neilson e Collin Hansen, que me encorajaram pessoalmente e garantiram o apoio do ministério The Gospel Coalition;

por Caryn Rivadeneira, Michelle Van Loon e todas as colunistas da *Her.meneutics*, que me exortaram a escrever um livro sobre oração e me apoiaram muito enquanto eu escrevia;

por Women Who Write Stuff, mulheres que estão sempre escrevendo coisas boas e me fizeram lembrar que escrever é trabalhar para o reino;

e pela multidão de irmãos e irmãs em Cristo que me ajudaram com suas orações.

perguntas para estudo

Introdução
Pense nas ocasiões em que você orou com outras pessoas. Houve alguma delas que foi especialmente significativa para você? Por quê? Quais são os frutos de orar em conjunto em seu próprio coração e em sua própria vida?

Capítulo 1: Relacionamento
Primeiros passos: Se você fosse até um parque e perguntasse a várias pessoas, "Por que as pessoas oram?", que tipo de resposta acha que receberia? Se você fosse a uma igreja e fizesse a mesma pergunta, acha que receberia respostas semelhantes?

Orando juntos

1. Qual é o impacto de ver a oração como uma conversa que faz parte de um relacionamento, e não como uma terapia para nossos problemas ou como uma bola de cristal? Como é, na prática, o elemento relacional da oração?

2. Leia Hebreus 10.19-22. Qual é a base para termos acesso a um relacionamento com Deus? O que nos transforma de inimigos e estranhos em filhos amados de Deus que podem invocar a Deus como "Pai nosso" (Mateus 6:9)? Que diferença faz para a oração o fato de crermos que somos filhos amados?

3. Em que sentido Deus tem um relacionamento consigo mesmo? De que maneira a palavra *Trindade* explica a natureza de Deus?

4. Leia Romanos 8.14-34. Qual é o papel do Espírito Santo em nossas orações? Quais são os papéis do Pai e do Filho?

5. Quando Jesus é comparado a uma videira e nós somos comparados aos ramos (leia Jo 15), de que maneira nossa interconexão como Igreja é ricamente ilustrada? Quais outras comparações aparecem na Escritura para descrever a unidade da Igreja como uma entidade composta de muitas partes? De que maneira esse conceito afeta e direciona suas orações?

PERGUNTAS PARA ESTUDO

6. Leia Apocalipse 8.3-4. Como essa passagem descreve nossas orações sob a perspectiva do céu? De que maneira o conhecimento de que as orações dos santos vão todas para o mesmo lugar nos encoraja a orar?

Para estudo adicional: Leia Efésios 1.3-14, uma oração de Paulo.

• Cada verso dessa oração enfatiza um aspecto do relacionamento de Deus conosco. Liste as palavras e frases relacionais que você consegue identificar.

• De que maneira a oração de Paulo demonstra a compreensão de Deus como Trindade? O que ele diz sobre o Pai, o Filho e o Espírito Santo? Você ora com esse mesmo entendimento?

• Paulo, repetidas vezes, fala no plural (*nós, nosso*). Que tipo de impacto você acredita que isso causaria nos crentes de Éfeso que leram a carta pela primeira vez? Que tipo de impacto causa em você?

Capítulo 2: Dever
Primeiros passos: Quais são seus deveres para com sua família, igreja ou comunidade? Em nossos dias, as pessoas costumam pensar no conceito de *dever* como algo sem alegria e opressivo. Por quê? Quais são alguns motivos para

Orando juntos

sermos gratos pelos deveres que Deus colocou em nossas vidas?

1. De que maneira você percebe que a oração corporativa era uma parte natural do relacionamento dos crentes do Antigo Testamento com Deus e de uns com os outros? E de que maneira devemos nos fundamentar nas orações corporativas dos crentes do Novo Testamento?

2. Leia Daniel 2.1-24. Qual era a situação de Daniel (vv. 1-16)? Qual foi sua resposta imediata (vv. 17-18)? Depois que o Senhor respondeu, o que os amigos fizeram (vv. 19-23)?

3. Em Mateus 21.3, Jesus chama o templo de "Casa de Oração". Você descreveria sua igreja da mesma maneira? E sua casa? Orar uns com os outros é uma parte normal do seu relacionamento com as pessoas? Por que sim ou por que não?

4. Volte para as páginas 55 a 58 e releia as diferentes situações de oração no livro de Atos. O que os primeiros cristãos pediam quando oravam juntos? De que maneira devemos fazer esses mesmos tipos de pedidos na igreja hoje?

PERGUNTAS PARA ESTUDO

5. Quais oportunidades você tem para orar com outras pessoas? O que você pode fazer para que a prática de orar com outras pessoas faça parte de sua vida diária?

Para estudo adicional: Leia Mateus 6.9-13, a Oração do Senhor.

• Em Mateus 6.5 e 6.7, Jesus iniciou suas instruções sobre a oração dizendo: "Quando orares". De que maneira isso mostra que a oração é um dever?

• Liste as partes da oração que indicam que se trata de uma oração corporativa (p. ex., "Pai nosso"). O que essa linguagem de Jesus nos ensina sobre o dever de orarmos juntos?

• Quais são os pedidos dessa oração? De que maneira devemos pedir as mesmas coisas em nossas igrejas, comunidades e casas?

Capítulo 3: Promessa
Primeiros Passos: De que maneira a esperança da bênção ou da recompensa serve de incentivo para você realizar tarefas que considera difíceis?

Orando juntos

1. De que maneira somos tentados a usar uma "noção matemática da oração" para forçar Deus a nos responder? Qual é o problema dessa abordagem?

2. Leia Efésios 6.10-20. Qual é a guerra dos cristãos? De que maneira orar juntos faz parte de nosso equipamento? O que deve caracterizar as orações que fazemos juntos (vv. 18-19)? Qual é o resultado garantido?

3. No Salmo 34, Davi estimula o povo de Deus reunido a louvar ao Senhor. Quais exemplos de louvor corporativo e ações de graças da Escritura você consegue lembrar? E em sua própria vida? Como Deus usa essas orações?

4. Qual é o ponto de referência para nossa concordância em oração? Por que a concordância é tão importante? De que maneira Deus promete abençoar a oração unificada?

5. Quando oramos por cura, qual é o objeto de nossa fé? Quais são os dois tipos de cura mencionados em Tiago 5.13-16? Qual tende a ser seu foco quando você ora com sua família ou igreja?

6. Alguém que não é cristão talvez presuma que o objetivo da oração é alcançar todos os nossos desejos pessoais. De que maneira alguém que não é cristão ou um

cristão imaturo pode surpreender-se (ou até se decepcionar) com as promessas de Deus para a oração? De que maneira podemos ajudar uns aos outros a apreciar as prioridades de Deus enquanto oramos juntos?

Para estudo adicional: Leia Atos 4.23-31, a oração da Igreja por coragem.

• O que os crentes estão pedindo que Deus faça?

• Quais atributos e promessas de Deus eles utilizam para construir o argumento na oração? Por que esse tipo de argumentação é aceitável e até mesmo encorajado diante do trono?

Capítulo 4: Amor
Primeiros passos: Como você sabe que alguém ama você? De que maneira o amor mútuo difere do amor unilateral?

1. De que maneira a oração nos torna humildes? Por que a humildade é uma parte necessária do amor?

2. Que tipo de trabalho você considera especialmente importante ou difícil na igreja? Leia Colossenses 4.12-13. Quais palavras você percebe que expressam os esforços de

Orando juntos

Epafras na oração? Por que orar é tão difícil? O que faz com que seja tão importante?

3. O que devemos pedir em oração pela Igreja como um todo (e não somente pelas pessoas individualmente)? O que devemos pedir em prol de outras igrejas? Você se sentiria encorajado ao descobrir que outra igreja ora por você?

4. Em Mateus 5.44, Jesus diz para orarmos por nossos inimigos. Quem são os inimigos do povo de Deus? Por que você acha que frequentemente deixamos de orar por eles?

5. Observamos que aplicativos de mensagens de texto e as redes sociais tornam mais fácil pedir que as pessoas orem por nós ao mesmo tempo que, convenientemente, nos distanciam da obrigação de orarmos juntos. Qual é o problema de pedir sempre oração por si mesmo (ou por seus entes queridos) sem o compromisso de se unir às pessoas em oração?

6. De que maneira carregamos o fardo uns dos outros em oração? Você quer que outras pessoas orem por você? Você ora por outras pessoas? Por que a oração intercessória é especialmente amorosa quando nos encontramos pessoalmente?

PERGUNTAS PARA ESTUDO

Para estudo adicional: Leia a oração de Paulo pela igreja da Tessalônica em 1Tessalonicenses 5.23-26.

• O que Paulo e seus companheiros pedem em oração pelos crentes da Tessalônica nos versos 23-24? De que maneira o conteúdo da oração demonstra amor por aquela igreja?

• De que maneira o pedido de Paulo no verso 25 expressa amor e humildade?

• Qual é a relação entre a exortação de Paulo no verso 26 e o que é dito nos versos anteriores?

Capítulo 5: Discipulado
Primeiros passos: Pense em alguém que foi muito influente em sua vida. De que maneira o exemplo dessa pessoa moldou suas ações, sua maneira de pensar e seus desejos?

1. Em Lucas 11.1, Jesus estava orando e um de seus discípulos lhe pediu: "Senhor, ensina-nos a orar". Por que você acha que ele fez esse pedido? Quem foi a primeira pessoa a ensinar você a orar? Nesse tempo, o que você aprendeu sobre a oração e sobre Deus?

Orando juntos

2. David Clarkson escreveu: "No culto privado, você beneficia a si mesmo, mas no culto público você beneficia a si mesmo e outras pessoas". De que maneira você já foi beneficiado por alguém que orou com você? O que você teria perdido se essa pessoa simplesmente tivesse orado sozinha?

3. O que significa:

- confessar pecados coletivos coletivamente

- confessar pecados individuais coletivamente

- confessar pecados individuais individualmente

Quando você já viu isso sendo praticado em sua igreja, comunidade ou família?

4. Quando oramos juntos, de que maneira o arrependimento é um antídoto para o orgulho?

5. Por que é importante entender que seus desejos podem (e devem) ser treinados? Qual padrão usamos para nossos desejos? Se a oração é uma expressão de nossos desejos, de que maneira os desejos corretos podem ser cultivados por meio da oração com outras pessoas?

PERGUNTAS PARA ESTUDO

6. De que maneira as ações de graças públicas glorificam a Deus? De que maneira aqueles que oram conosco são beneficiados? Quais oportunidades você tem de agradecer a Deus diante de outras pessoas?

Para estudo adicional: Leia a oração de Ana em 1Samuel 2.1-10; e o louvor de Maria em Lucas 1.46-55.

• Quais foram as circunstâncias da oração de Ana e do louvor de Maria?

• Liste as palavras e frases que essas duas orações têm em comum. Quais outras semelhanças você consegue identificar?

• O que você aprende das orações de Ana e Maria? Quais outras orações na Bíblia já lhe ensinaram sobre a vida de fé?

Capítulo 6: Avivamento

Primeiros passos: Quando você ouve a palavra *avivamento*, qual é a primeira coisa que lhe vem à mente? Você seria capaz de explicar o que é um avivamento a um amigo cristão, a alguém que não é cristão ou a uma criança?

1. J. I. Packer define avivamento como "uma obra extraordinária de Deus, o Espírito Santo, revigorando e pro-

Orando juntos

pagando a piedade cristã em uma comunidade". Por que é importante entender que o avivamento é uma bênção coletiva, não somente individual?

• O que significa "revigorar a piedade cristã em uma comunidade"? Como você acha que seria se isso acontecesse em sua igreja?

• O que significa "propagar a piedade cristã em uma comunidade"? Como você acha que seria se acontecesse em sua cidade?

• Por que o avivamento é importante para a igreja e para a comunidade da qual ela faz parte? É possível que uma coisa exista sem a outra? Qual é a relação entre um avivamento coletivo e um avivamento pessoal?

2. Leia João 16.8; Romanos 8.4,26; Gálatas 5.22-23 e Efésios 5.18-19. O que esses versículos ensinam sobre o crescimento de uma igreja ou de uma comunidade em piedade cristã?

3. O que é o autor de um avivamento? Qual é a diferença entre ter fé no avivamento e ter fé em Deus? Por que essa distinção é importante?

4. Qual é a relação entre missões e avivamento? O que nos encoraja a orarmos juntos pela conversão de uma grande quantidade de pessoas?

5. Leia Lucas 11.5-13. De que maneira essa passagem nos encoraja a orar? O que ela pode nos ensinar sobre orarmos juntos por avivamento?

Para estudo adicional: Leia o Salmo 85, um salmo dos filhos de Corá.

• O que a congregação do povo de Deus está pedindo que Deus faça?

• O que Deus fez por eles no passado? De que maneira isso serve de incentivo para pedir que o mesmo aconteça no futuro? De que maneira a Igreja de nossos dias pode orar com base nos avivamentos de Deus no passado?

• Nesse salmo, a congregação enumera diversas características específicas de um avivamento. Quais são? Queremos que Deus faça o mesmo por nós?

Capítulo 7: Orando com a Igreja

Primeiros passos: Enumere três coisas que você faz com regularidade com a sua igreja. Quais são suas favoritas? Por quê? Quais são as mais importantes? Por quê?

Orando juntos

1. Quais são as duas maneiras que nossa oração com a igreja no Dia do Senhor deve ser "substancial"? Por quê? O que significa "orar até conseguir orar"?

2. Por que conduzir a oração é dever e privilégio especial dos presbíteros? O que você explicaria a alguém que acredita que os presbíteros devem conduzir a oração porque suas orações são melhores ou mais aceitáveis a Deus?

3. Por que, algumas vezes, é difícil orar quando outra pessoa está conduzindo a oração? Você tem algum mau hábito durante a oração na igreja? Como você pode superá-lo?

4. Por que, algumas vezes, é difícil conduzir outras pessoas em oração? Você tem algum mau hábito durante as reuniões de oração na igreja? Como você pode superá-lo?

5. Como você pode incentivar sua igreja a se reunir para orar?

Para estudo adicional: Leia a oração de dedicação de Salomão em 2Crônicas 6.12-42.

• De que maneira Salomão inicia sua oração (vv. 14-15)? O que podemos aprender com essa introdução?

PERGUNTAS PARA ESTUDO

• Enumere os pedidos de Salomão pelo povo. Como podemos fazer pedidos parecidos em nossos dias?

• Em que sentido Salomão foi a voz de toda a congregação? O que você pode aplicar à sua oração como um membro da congregação? O que você pode aplicar como alguém que conduz outras pessoas em oração?

Capítulo 8: Orando com um Companheiro ou com um Grupo

Primeiros passos: Quem são seus amigos mais próximos? Por quê? O que faz com que determinadas pessoas sejam grandes amigos?

1. Leia Daniel 2.17-19. Nessa passagem, Daniel pediu que seus amigos orassem por ele. O que faz com que a oração entre amigos seja ideal? Seus amigos já incentivaram você a orar com eles? De que maneira a oração fortaleceu a amizade?

2. Leia Colossenses 4.3; 1 Tessalonicenses 3.10; 2 Tessalonicenses 3.1 e Filemom 22. O que os pedidos de Paulo mostram? De que maneira nossos pedidos pessoais de oração demonstram nossas prioridades?

3. O que, em geral, você pede quando ora por outras pessoas? Quais são algumas armadilhas que precisamos evi-

Orando juntos

tar quando pedimos que alguém ore por nós? Depois de ler este capítulo, você gostaria de mudar sua maneira de orar?

4. Qual é a relação entre ter uma hora marcada para orar e orar espontaneamente? O que impede você de marcar uma hora para orar? O que impede você de orar espontaneamente?

5. Dietrich Bonhoeffer escreveu: "Na verdade, orar em comunidade é a situação normal da vida cristã". Essa é a sua experiência? O que você pode fazer para que a oração com outras pessoas se torne "normal" em sua vida?

Para estudo adicional: Leia a oração de Paulo e Timóteo pela igreja de Colosso em Colossenses 1.1-14.

• Quais são as características gerais dessa oração?

• Enumere os pedidos que eles fazem pela igreja. Você ora da mesma maneira com outras pessoas pela sua própria igreja e por outras igrejas?

• Veja os versículos 3 e 9. O que você percebe sobre *quando* eles oram? Você pode dizer o mesmo sobre suas próprias orações por outras pessoas?

PERGUNTAS PARA ESTUDO

Capítulo 9: Orando com Familiares e Convidados

Primeiros passos: O que significa dizer que "O lar é onde está o coração"? O que você mais ama em seu lar? Se alguém passasse um dia em sua casa, o que aprenderiam sobre você?

1. Reflita sobre as sugestões do capítulo 8 em relação a orar com companheiros e com um grupo. Como essas sugestões se aplicam à oração no contexto do lar?

- Com quem você poderia orar?

- Sobre quais assuntos você poderia orar?

- Quando e onde você poderia orar?

2. Você ora regularmente com seu cônjuge? Com base na Escritura, como você sabe que é uma prática importante? Por que às vezes é difícil?

3. Leia Mateus 19:13-15. De que maneira essa passagem é frequentemente deturpada? Em que sentido devemos orar como aqueles pais? De que maneira isso pode aplicar-se a todo cristão que interage com crianças?

Orando juntos

4. Leia Romanos 12.13; Hebreus 13.2; e 1Pedro 4.9. O que somos ordenados a fazer e por quem deve ser feito? Por que, com frequência, somos ligeiros para dar comida física, mas lentos para alimentar espiritualmente nosso lar?

5. Você já pensou sobre a oração como um elemento de evangelismo? O que alguém que não é cristão poderia aprender com a sua oração?

Para estudo adicional: Leia sobre o louvor das crianças em Mateus 21.6-16.

- Nos versos 8-9, quem está louvando? E no verso 15? Como aquelas crianças aprenderam a orar? Como você aprendeu a orar?

- Qual é a resposta de Jesus ao louvor das crianças? De que maneira nós, como pais — e também como pastores, professores de escola dominical e babás —, podemos incentivar que as crianças orem?

- Nos versos 10-11, quem teve um encontro com as verdades espirituais por causa desses louvores? E nos versos 15-16? De que maneira as orações de nossa família podem servir de testemunho para outras pessoas?

PERGUNTAS PARA ESTUDO

• Leia o Salmo 8.2. Qual é um dos propósitos de Deus em ordenar o louvor dos membros mais fracos de seu reino?

Conclusão

Quais circunstâncias às vezes impedem você de orar com o povo de Deus? De que maneira você pode ser encorajado pelo exemplo de outras pessoas? De que maneira meditar na presença de Cristo pode ajudá-lo a superar sua relutância? Com a ajuda de Deus, quais são suas resoluções para o futuro em relação às orações com os irmãos?

bibliografia

Alexander, Eric J. *Prayer: A Biblical Perspective*. Carlisle, PA: Banner of Truth, 2012.

Alexander, James W. *Thoughts on Family Worship*. 1847. Reprint. Morgan, PA: Soli Deo Gloria, 1998.

As três formas de unidade das igrejas reformadas: Confissão Belga, Catecismo de Heidelberg e Cânones de Dort. Recife: CLIRE, 2009.

Batterson, Mark. *The Circle Maker*. Grand Rapids, MI: Zondervan, 2011.

Bazely, Henry. "Standing at Prayer" Em *Henry Bazely: The Oxford Evangelist, a Memoir*, por E. L. Hicks, 242-50. London: MacMillan, 1886.

Beale, G. K. *The Book of Revelation: A Commentary on the Greek Text*. New International Greek Testament Commentary. Grand Rapids, MI: Eerdmans, 1999.

Begg, Alistair. "Public Prayer: Its Importance and Scope (Parte)". Mensagem 1956 em *Household of Faith*, v. 1. (MP3 podcast). *Truth for Life*. 17 de fevereiro de 2015.

Bickersteth, Edward. *A Treatise on Prayer: Designed to Assist in Its Devout Discharge*. Schenectady, NY: A. Van Santvoord & M. Cole, 1822.

Billings, J. Todd. *Union with Christ: Reframing Theology and Ministry for the Church*. Grand Rapids, MI: Baker Academic, 2011.

Bloomfield, Peter. *The Guide: Esther*. Auburn, MA: Evangelical Press, 2002.

Boice, James Montgomery. *Romans*, v. 2, The Reign of Grace (Romans 5-8). Grand Rapids, MI: Baker, 1992.

Bonhoeffer, Dietrich. *Vida em comunhão*. São Leopoldo: Sinodal, 1997.

The Book of Church Order of the Presbyterian Church in America. 6 ed. Lawrenceville, GA: The Office of the Stated Clerk of the General Assembly of the Presbyterian Church in America, 2006.

Bradford, Eugene. *Intercessory Prayer: A Ministerial Task*. Boonton, NJ: Simpson, 1991.

Calvino, João. *Institutas da Religião Cristã*. São José dos Campos: Editora Fiel, 2018.

BIBLIOGRAFIA

_____. *John Calvin's Sermons on the Epistle to the Ephesians*. 1562. Reprint, Carlisle, PA: Banner of Truth, 1987.

Candlish, R. S. *An Exposition of Genesis*. 1868. Reprint, Wilmington, DE: Sovereign Grace, 1972.

Carson, D. A. *Um chamado à reforma espiritual*. São Paulo: Cultura Cristã, 2007.

_____. *Comentário de João*. São Paulo: Shedd Publicações, 2014.

Cashdollar, Charles D. *A Spiritual Home: Life in British and American Reformed Congregations, 1830-1915*. University Park, PA: Pennsylvania State University Press, 2000.

Catechism for Young Children: An Introduction to the Shorter Catechism. Reprint. Lawrenceville, GA: Christian Education & Publications, 2004.

Clarke, Samuel. *The Promises of Scripture, Arranged Under Their Proper Heads*. Liverpool, UK: Thomas Johnson, 1841.

Clarkson, David. "Public Worship to Be Preferred Before Private". In *The Practical Works of David Clarkson*, v. 3. Edinburgh: James Nichol, 1865.

Cryer, Neville B. "Biography of John Eliot". Em *Five Pioneer Missionaries*. Editado por S. M. Houghton. Carlisle, PA: Banner of Truth, 1964.

Dickens, Charles. *Oliver Twist*. São Paulo: Hedra, 2013.

Doriani, Daniel M. *James. Reformed Expository Commentary*. Editado por Richard D. Phillips e Philip G. Ryken. Phillipsburg, NJ: P&R, 2007.

Orando juntos

Edwards, Jonathan. *A busca do avivamento*. São Paulo: Editora Cultura Cristã, 2010.

_____. "Some Thoughts Concerning the Revival". In Works of Jonathan Edwards, v. 4, *The Great Awakening*. Editado or C. C. Goen. WJE Online, acesso em 14 abr. 2015. Disponível em http://edwards.yale.edu/archive?path=aHR0cDovL2Vkd2FyZHMueWFsZS5lZHUvY2dpLWJpbi9uZXdwaGlsy9nZXRvYmplY3QucGw/Yy4zOjYud2plbw==.

Evans, Brad. "Some Incentives for Apocalyptic Prayer". Sermon, Presbyterian Church of Coventry, Coventry, CT, 9 jun. 2002.

France, R. T. *The Gospel According to Matthew: An Introduction and Commentary*. Grand Rapids, MI: Eerdmans, 1985.

Henry, Matthew. *Comentário Bíblico: Antigo Testamento: Jó a Cantares de Salomão*. Rio de Janeiro: CPAD, 2010.

Horton, Michael. *Simplesmente crente*. São José dos Campos: Editora Fiel, 2016.

_____. Horton, Michael. *Ordinary: Sustainable Faith in a Radical, Restless World*. Grand Rapids, MI: Zondervan, 2014.

Hulse, Erroll. *Give Him No Rest: A Call to Prayer for Revival*. Webster. NY: Evangelical Press, 2006.

Humphrey, Heman. *Revival Sketches and Manual in Two Parts*. New York: American Tract Society, 1859.

Johnson, Dennis E. *The Message of Acts in the History of Redemption*. Phillipsburg, NJ: P&R, 1997.

Johnson, Terry L. *The Family Worship Book: A Resource Book for Family Devotions*. 1998. Reprint. Fearn, Ross-shire, UK: Christian Focus, 2009.

_____. *Leading in Worship*. Oak Ridge, TN: Covenant Foundation, 1996.

Johnson, Terry L. e J. Ligon Duncan III. "Reading and Praying the Bible in Corporate Worship". Em *Give Praise to God: A Vision for Reforming Worship*. Editado por Philip Graham Ryken, Derek W. H. Thomas e J. Ligon Duncan III. Phillipsburg, NJ: P&R, 2003.

Johnston, J. B. *The Prayer-Meeting and Its History, As Identified with the Life and Power of Godliness, and the Revival of Religion*. Pittsburgh: United Presbyterian Board of Publication, 1870.

Lamott, Anne. *Pedir, agradecer, admirar: as três orações essenciais*. Rio de Janeiro: Sextante, 2014.

Leighton, Robert. *An Obedient and Patient Faith: An Exposition of 1st Peter*. 1693-1694. Reprint. Amityville, NY: Calvary Press, 1995.

Letham, Robert. *Union with Christ: In Scripture, History, and Theology*. Phillipsburg, NJ: P&R, 2011.

Lloyd-Jones, D. Martyn. "Revival: An Historical and Theological Study." Em *Puritan Papers: Volume 2, 1956-1959*. Editado por D. M. Lloyd-Jones. Phillipsburg, NJ: P&R, 2000.

_____. *Estudos no Sermão do Monte*. São José dos Campos: Editora Fiel, 2017.

Orando juntos

Mack, Wayne A. e Dave Swavely. *Life in the Father's House: A Member's Guide to the Local Church*. Rev. ed. Phillipsburg, NJ: P&R, 2006.

Mackay, John L. *Isaiah. Vol. 2: Chapters 40-66*. EP Study Commentary. Carlisle, PA: EP Books, 2009.

Mandryk, Jason. *Operation World*, 7th ed. Downers Grove, IL: InterVarsity, 2010.

Manton, Thomas. *An Exposition on the Epistle of Jude*. 1658. Reprint, Minneapolis: Klock & Klock, 1978.

_____. *James*. 1693. Reprint, Carlisle, PA: Banner of Truth, 1998.

M'Cheyne, Robert Murray. "Address: After the Communion". *Memoir and Remains of the Rev. Robert Murray M'Cheyne, Minister of St. Peter's Church, Dundee*. Por Andrew A. Bonar. Edinburgh: Oliphant, Anderson e Ferrier, 1894.

_____. "Evidence on Revivals: Answers to Queries on the Subject of the Revival in St. Peter's Parish, Dundee, Submitted to a Committee of the Presbytery of Aberdeen". *Memoir and Remains*.

_____. "Fourth Pastoral Letter: God the Answerer of Prayer." *Memoir and Remains*.

The Memorial-Days of the Renewed Church of the Brethren. Ashton-under-Lyne, UK: T. Cunningham, 1822.

MI: Eerdmans, 1972.

Miller, Samuel. *Thoughts on Public Prayer*. 1849. Reprint, Harrisonburg, VA: Sprinkle, 1985.

Moo, Douglas J. *Tiago: introdução e comentário*. São Paulo: Edições Vida Nova, 2009.

Murray, Ian H. *Pentecost Today?: The Biblical Basis for Understanding Revival*. Cape Coral, FL: Founders Press, 1998.

Ogburn, Calvin. *The Young People's Prayer-Meeting and Its Improvement*. St. Louis, MO: Christian Publishing Company, 1894.

Packer, J. I. "Jonathan Edwards and the Theology of Revival". Em *Puritan Papers, v. 2, 1960-1962*. Editado por J. I. Packer. Phillipsburg, NJ: P&R, 2001.

_____. Knowing God. Twentieth Anniversary Edition. Downers Grove, IL: InterVarsity, 1993.

J. I. Packer e Carolyn Nystrom. *Oração: do dever ao prazer*. São Paulo: Editora Cultura Cristã, 2009.

Pao, David W. *Thanksgiving: An Investigation of a Pauline Theme*. Downers Grove, IL: InterVarsity, 2002.

Payne, J. Barton. *1 and 2 Chronicles. Expositor's Bible Commentary*. Grand Rapids, MI: Zondervan, 1988.

Prime, Derek. *Practical Prayer*. 1986. Reprint, Rossshire, UK: Christian Focus, 2007.

Prime, Samuel. *The Power of Prayer: The New York Revival of 1858*. 1859. Reprint, Carlisle, PA: Banner of Truth, 1991.

Reeves, Michael. *Deleitando-se na Trindade: uma introdução à fé cristã*. Brasília: Monergismo, 2014.

_____. *Deleitando-se em Cristo*. Brasília: Monergismo, 2018.

Ryle, J. C. *Meditações no Evangelho de Lucas*. São José dos Campos: Editora Fiel, 2011.

Símbolos de fé: contendo a confissão de fé, Catecismo Maior e Breve Catecismo. São Paulo: Cultura Cristã, 2016.

Shakespeare, William. *Henrique V*. Porto Alegre: L&PM Editores, 2007.

Smith, Christian. *Soul Searching: The Religious and Spiritual Lives of American Teenagers*. Oxford, UK: Oxford University Press, 2005.

Spring, Gardiner. *Memoirs of the Rev. Samuel J. Mills, Late Missionary to the South Western Section of the United States, and Agent of the American Colonization Society, Deputed to Explore the Coast of Africa*. New York: New York Evangelical Missionary Society, 1820.

Thompson, Lewis O. *The Prayer Meeting and Its Improvement*. 5th ed. Chicago: Revell, 1878.

Tucker, Ruth A. *From Jerusalem to Irian Jaya: A Biographical History of Christian Missions*. Grand Rapids, MI: Zondervan, 1983.

Whitney, Donald S. *Spiritual Disciplines within the Church*. Chicago: Moody, 1996.

Young, Edward J. *The Book of Isaiah, v. 3, Chapters 40-66*. Grand Rapids, 1992.

FIEL
MINISTÉRIO

O Ministério Fiel visa apoiar a igreja de Deus, fornecendo conteúdo fiel às Escrituras através de conferências, cursos teológicos, literatura, ministério Adote um Pastor e conteúdo online gratuito.

Disponibilizamos em nosso site centenas de recursos, como vídeos de pregações e conferências, artigos, e-books, audiolivros, blog e muito mais. Lá também é possível assinar nosso informativo e se tornar parte da comunidade Fiel, recebendo acesso a esses e outros materiais, além de promoções exclusivas.

Visite nosso site

www.ministeriofiel.com.br

Esta obra foi composta em Chaparral Pro Regular 11,4, e impressa
na Promove Artes Gráficas sobre o papel Pólen 70g/m²,
para Editora Fiel, em Agosto de 2024